U0154471

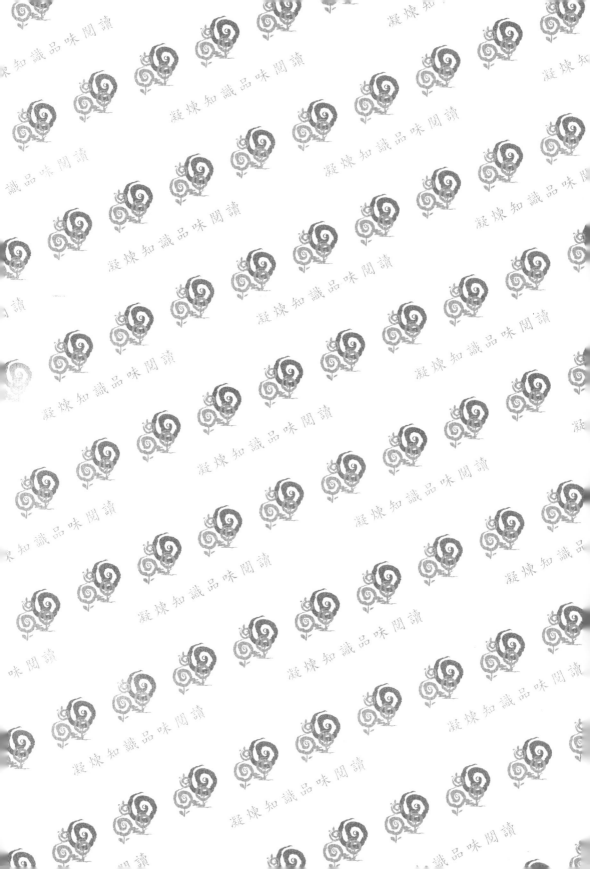

解讀印度
不確定的崛起強權

陳牧民 | 著

英國首相邱吉爾（Winston Churchill）曾經說印度和「赤道」（Equator）一樣，最多只能算是個地理概念，稱不上是國家。因為他實在無法理解這麼多的族群，各有各的語言、文化與宗教，彼此之間地理環境與發展程度差異又如此巨大，如何能共存於一個國家當中？

但印度的確是一個國家。其首任總理尼赫魯（Jawaharlal Nehru）曾說這是一個由許多強韌但看不見之細線串聯在一起的國度，這個由人類歷史上許多悠久傳奇構成的「她」至今仍持續散發出無窮魅力；她既是一種神話也代表一種思想，有時代表著某種虛幻夢境或是未來願景，但她不僅真實存在，而且無所不在。

大概全世界所有國家中，也只有印度會給人如此矛盾的印象。記得第一次造訪此地是2007年11月初，主要是去德里參加「亞洲政治與國際研究協會」（Asian Political and International Studies Association）舉辦之年會。造訪印度之前並沒有認真想過這是個什麼樣的國度，周遭似乎也沒有認識的人去過。不過印度在當時媒體眼中一個很「夯」的地方——拜高盛投顧的「金磚四國」報告之賜，國內有不少人覺得這是一個蓄勢待發的新興大國，特別是在電腦軟體上的表現更令人刮目相看，讓人不禁好奇地想一探究竟。

抵達德里之後，發現這個國家根本不像美國紐約時報專欄作家弗里曼（Thomas Friedman）在其《世界是平的》（*The World is Flat*）一書所敘述的，是「世界經濟分工體系下最具創造力與活力的一員」，反而更像是一個現代文明與中世紀社會交織而成的奇異綜合體，各種嶄新的科技（如電腦與手機）與古老的生活方式（如聖牛與紗麗）共存在一個空間環境中，雖然每件事物都看似矛盾，但卻有其運作的步調。在印度看到的一切，都讓人體會到不能用常理來看待這個國家。

不過也因為這次旅行，有機會結識到幾位曾經來過台灣的學者，之後再

藉由這些朋友的協助，讓我有機會再度回到印度，對這個「奇異綜合體」做進一步探索。從2007年迄今，造訪印度及其鄰近國家已達二十餘次，撰寫過數十篇論文或評論，但是一直都沒有機會將相關研究發展出有系統的研究專著。此次承蒙五南圖書公司支持，始能將過去數年對印度的研究成果，以專書之形式出版。謹在此致上最誠摯的謝意。本書主題龐大，雖用心訂正，惟疏漏難免，如有不足之處還請讀者先進不吝指正。

陳牧民

2016年8月30日於中興大學

目　錄

前言

　　在當代所有關於世界未來發展趨勢的預測中，「印度崛起」（India Rising）或許是最新、但也最沒有共識的論述之一。印度是人類四大古文明之一，擁有四千年悠久歷史，曾創造出印度教、佛教、錫克教等宗教；在政治上，印度自獨立以來一直維持民主體制，世界上最大的民主國家；在軍事上，印度是南亞地區領土的主要強權，軍隊人數世界第二，1998年更成功進行核子試爆，成為世界上第七個躋身核武俱樂部的成員[1]；在經濟上，印度自1991年開始推行市場經濟改革，目前已成為世界經濟發展最快速的地區之一。從2002年到2007年，印度的平均經濟成長率高達9%，僅次於中國，即使面對2008年以來全球經濟成長趨緩的衝擊，印度的經濟仍然能夠繼續成長（World Bank, 2010）。美國紐約時報專欄作家佛里曼（Thomas Friedman）在其作品《世界是平的》（*The World is Flat*）書中，更是將印度描繪為全球經濟分工體系下最具創造力與活力的一員（佛里曼，2005）。目前（2015年）印度已經是全世界第九大經濟體，以「相對購買力」（purchasing power parity）來計算更是世界第三；單憑這些數字來說印度是崛起中的強權並不為過。

　　不過如果我們從另一個角度來看印度，會得到完全相反的印象：2013年為止國內生產總額達到一兆八千多億美元，人均GDP僅1,499美元（購買力平價後為5,412美元），仍屬於相對貧窮的國家。全國有31.4%的人口生活在貧窮線以下（以相對購買力來計算每日收入在1.25美元以下），收入在2美

1　世界公認擁有核武國家（nuclear haves）為美國、蘇聯（俄羅斯）、英國、法國、中國等五國。據信以色列與北韓也擁有核武，但未承認也未獲得國際認可。

元以下的人口更多達68.7%。印度剛獨立時只有12%的人口識字，到了21世紀的今天，識字率已經提升到74%，不過仍然低於全球平均值84%（World Bank, 2016）。另根據2014年聯合國發布的《人類發展報告》（Human Development Report 2014），印度在187個國家中排名第135，屬中等發展程度（人類發展指數為0.586），不過已經與最低發展程度（人類發展指數在0.52以下）相去不遠（UNDP, 2014）。除了貧窮之外，複雜的語言體系及宗教信仰也讓印度社會看起來更不穩定：官方語言印地語（Hindi）及其字母天城文（Devanagari）的使用者主要集中在北部，約占總人口的百分之四十。另有二十二種語言被列入憲法第八附表（Eighth Schedule of the Constitution）的官方語言（official languages）地位；使用人口達500萬的非官方語言也有十四種；另外已被辨識出來的方言更有兩千種以上。其中南方各邦使用達羅毗荼語（Dravidian）系的居民，認為自古以來南方達羅毗荼文化與北方的印度——雅利安（Indo-Aryan）文化明顯不同。除了語言外，印度擁有世界上幾乎所有主要宗教信徒，要讓這些社群彼此和睦相處幾乎是不可能的任務。也因此印度自獨立後各類種族或宗教衝突動亂不斷，近年來恐怖主義攻擊更是時有所聞。依據澳大利亞智庫「經濟與和平機構」（The Institute for Economics and Peace）所發表的「全球和平指數」（Global Peace Index, GPI）報告，2015年印度在全球162個國家或地區中只排到143名，這顯示印度其實還談不上穩定發展，更不要說是世界強國（Global Peace Institute, 2015）。

　　正是這個集合所有矛盾於一身的國家，近年來卻成為許多經濟學家與國際關係學者眼中的瑰寶。美國官方情報智庫「國家情報委員會」（National Intelligence Council）在2005年發表《2020全球趨勢》（Mapping the Global Future 2020）的報告，預測中國與印度的崛起將是本世紀國際政治發展的最重要趨勢，並認為這項發展將「徹底改變地緣政治面貌，其所帶來的衝擊將和20世紀初美國與德國的崛起一樣充滿戲劇性」（National Intelligence Council, 2005）。五年後，「國家情報委員會」所發表的新版本《2025年全球情勢》進一步將中國與印度的崛起視為本世紀國際政治發展最重要的趨勢，並將這兩國稱為「國際政治舞臺上最重量級的成員」（National Intelligence Council, 2010）。學者William Avery所著《中國的惡夢、美國

的夢想：作爲世界新強權的印度》（*China's Nightmare, America's Dream: India as the Next Global Power*, 2012）一書更將印度描繪成本世紀最重要的世界級強權，並大膽預測印度最後會走向與美國結盟之路以對抗中國威脅（Avery, 2012）。在討論印度崛起這個主題之前，讓我們先看看這個國家是如何形成的。

從歷史的角度看印度

　　印度雖然是世界四大文明之一，但歷史上從來都不曾是一個完全統一的國家。過去歷史上出現的各種強大王朝，例如孔雀王朝（Maurya Empire，即阿育王帝國）、笈多王朝（Gupta Empire）、朱羅王朝（Chola Empire，1至13世紀位於南印度的國家）、蒙兀兒帝國（Mughal Empire，由阿克巴大帝所建立的波斯化國家）等等，都沒有統治今天印度國土的全部。眞正把整個印度納入統治範圍的是18世紀才來到此地的英國人。

　　英國人最早是以承包蒙兀兒帝國稅收的方式在印度活動，而後逐漸擴大其影響力，最後乾脆取代蒙兀兒帝國，成爲印度的實際統治者。1857年印度大起義後次年，英國政府將原來由東印度公司統治的方式改爲直接統治，建立「英屬印度」（British Raj），其國家元首（印度皇帝）由英國國王或女王兼任。不過印度的許多地方並不是由殖民地政府直接管轄，而是名義上獨立的土邦（Princely State），因此英屬印度是由英國統治的行省與562個各式各樣的土邦所組成的廣大地域，其範圍包含了今天的印度、巴基斯坦、孟加拉、以及緬甸（後者在1937年後成爲英國直屬殖民地）。英國殖民當局在1935年制定「印度政府法案」（Government of India Act of 1935），引進一種接近中央集權的聯邦制度。這種設計的目的是爲了讓不同宗教、種姓、與民族的社群都能夠被納入一個統一的政治組織之下，也是爲了緩和不同宗教社群間（特別是印度教徒與伊斯蘭教徒之間）越來越嚴重的衝突。不過因爲二次世界大戰爆發，這部法案一直沒有完全實施，穆斯林領袖則在此時開始倡議建立屬於自己的國家——巴基斯坦。

　　二次世界大戰後期，英國政府迫於形式，決定同意印度獨立建國。從1945年6月開始，英國就邀集了國大黨（Indian National Congress）代表甘地（Mohandas Karamchand Gandhi）、尼赫魯（Jawaharlal Nehru）、以及穆斯林領袖眞納（Muhammad Ali Jinnah）等人進行密集協商，目的是希望印度教徒與穆斯林都能在統一的印度下共享政治權力。1946年3月，英國工黨政府派遣內閣使節團前往印度，提出一個複雜的三重聯邦政府草案，內容是將印度分成三個大聯邦省區，其中西邊與東邊兩個省區（即後來的巴基斯坦與孟加拉）屬穆斯林，中間的省區（即後來的印度）屬印度教徒。不過後來這個計畫遭國大黨否決，穆斯林最後選擇獨立建國，成立巴基斯坦（Pakistan）；英國所直接統治的行省與562個土邦（princely states）則獨立成爲印度（Barbara and Thomas Metcalf, 2011）。

　　印度與巴基斯坦兩國都自詡爲英屬印度的繼承者，不過後來的發展卻完全不同。巴基斯坦建國者確立這個國家的伊斯蘭性質，此後整個國家也眞的逐漸走向伊斯蘭化。而在印度，世俗主義（secularism）一直是主要的建國理念，印度的憲法、國旗國徽、政治體制等都看不到宗教的影子。即使印度是一個高度宗教化的社會，建國初期的政治領袖也都刻意維持不偏袒任何宗教的立場。這種堅持世俗主義的政治立場，其實與聖雄甘地及後來擔任首位總理的尼赫魯（Jawaharlal Nehru）有很深的關係[2]。

　　甘地是印度獨立建國的推手，一直到今天仍在印度享有崇高的地位。一般人對甘地主義（Gandhi Doctrine）的理解是其用非暴力抗爭的方式與不合作運動的策略來對抗大英帝國，最後迫使殖民當局同意讓印度獨立，也避免了一場可能因爭取獨立而引發的戰爭。不過甘地帶給印度人民最大的政治遺產，是確立印度成爲一個世俗民主國家的路線，也就是將政治與宗教脫鉤，強調所有宗教族群在憲法下一律平等。甘地本身成長於印度教家庭，其非暴力哲學也明顯是受到印度教的影響，但他爲了讓各宗教彼此尊重，宣稱自己沒有特定的宗教信仰。爲了避免印巴走向分裂分治，甘地非常努力地調和印度教徒與穆斯林兩個族群之間的關係，並且堅持獨立後的印度一定要平等對待所有的宗教與種族社群，他的理想是讓這個國家成爲所有人共同安居的

2　印度人尊稱甘地爲Mahatma，即兼具智慧與膽識之偉大靈魂，故中文翻譯爲「聖雄」。

樂土，只是這個願望最終因爲巴基斯坦獨立而沒有完全實現。今日的印度與甘地心目中的理想國度已經相距甚遠，瑞士籍作家伯納英哈斯利（Bernard Imhasly）所著之《告別甘地：現代印度的故事》（*Goodbye to Gandhi*）對於這個主題有很深入的討論（Bernard Imhasly, 2008）。

從安全戰略的角度看印度

印度在獨立之後的安全戰略深受兩大傳統影響：

首先英國殖民統治的影響。在英國殖民者眼中，印度的主要安全威脅來自北方傳統的大陸型強權，特別是中國與俄羅斯。因此英國的作法是建立一個「環狀的防衛系統」（system of ring fences）。其中「內環」（inner ring）是由印度東北諸部落及喜馬拉雅山區各王國所組成；「外環」（outer ring）則包括在地緣位置上處於印度與其它強權之間的區域，如波斯灣、伊朗、阿富汗、泰國。內環防衛以軍事爲主，外環則以外交及武力展示爲主要手段（Lorne Kavic, 1967: 9）。英國對其殖民地的防衛方式對獨立後的印度產生兩種效果：第一，印度決策者深知印度在地緣政治上的關鍵地位，因此極力擺脫強權對印度的影響；第二，英國將疆界防衛與維持區域安全穩定的概念帶入印度，使得印度在獨立後一直將維持印度領土完整與南亞區域穩定做爲印度外交政策的重要目標。

影響印度建構其安全政策的第二個傳統是印度國大黨（Indian National Congress）在獨立過程後逐漸發展出來的以反對殖民主義及種族主義、維持世界和平爲核心概念的印度式外交政策，特別是首任尼赫魯（Jawaharlal Nehru）執政時期印度所發展出來的不結盟外交傳統。印度在獨立後一面高舉不結盟運動大旗，以亞非發展中國家領袖自居，並積極聲援世界各國殖民地爭取獨立，試圖創造出其在國際社會的道德形象；但另一方面印度時時刻刻不忘以維護國家利益爲最高原則，有時甚至不惜以武力達到目的，例如在1961年與武力兼併葡萄牙殖民地臥亞（Goa）。這樣的作法使印度時常遭致西方國家嚴厲的批判，認爲印度在對外政策上不一致，甚至是虛僞。

在這兩個傳統的交互影響下，印度國家安全戰略有三大目標：

首先是維持國家主權與領土完整，對外防止他國入侵領土、對內全力防範國內分離主義運動，並強力反對他國以支持印度境內的種族分離運動為名干涉印度的政策。在印度獨立之後，對其主權與領土構成「威脅」的來源有三：1.內部整合問題；2.鄰國對印度領土與主權的威脅；3.內部分離勢力與外國干涉。在印度獨立初期的十多年內，幾乎盡全力在處理內部整合問題，當時英屬印度的部分地區領袖不願加入印度或巴基斯坦，或是選擇加入對象與其境內種族期望不同，當時印度境內也存有英國以外其他國家的殖民地，例如法國的Pondicherry與葡萄牙的臥亞（Goa）。除法國是以簽訂條約方式放棄其領地，其餘地方的整合多是以武力解決（Kandi Bajpai, 1998: 166）。今日印度在主權與領土上的威脅主要來自與鄰國的領土糾紛與內部分離勢力，特別是來自與中國與巴基斯坦之間的邊界糾紛，這兩國也時常遭印度政府指控與其內部分裂勢力勾結，製造內部動亂。

其次，在不結盟思想的影響下，各屆領導人一直將維持外交上的獨立自主作為其維持國家安全戰略之最高目標。冷戰時期印度刻意以不結盟政策來保持與美國及蘇聯的關係，但從來未正式與美蘇任何一方為敵。雖然蘇聯是印度軍事武器裝備的主要供應者，印度也將蘇聯的計畫經濟做為印度經濟發展的模範，兩國甚至簽訂友好合作條約，但印度從未正式成為蘇聯在軍事或戰略上的盟友。冷戰結束之後，印度在外交上不再強調「不結盟」，但不結盟政策所凸顯的外交上獨立自主仍然存在印度的安全戰略思維之中，只是這樣的想法在近年來在內部遭到極大的挑戰，許多戰略學家認為印度應該要更積極展現其軍事實力，而不是消極自保。同時，印度在外交上獨立自主政策與國際上強調建立合作機制以處理共同問題的思維格格不入，例如拒絕簽署核不擴散條約（Nuclear Non-proliferation Treaty）且不顧國際社會反對試爆核武，這些作為都是受到其獨立自主戰略的影響。

印度安全戰略的第三大目標是維持其在印度洋上的優勢地位，早在1980年代就從英國購入航空母艦維克蘭特號（INS Vikrant），成為二次大戰後亞洲第一個擁有航母的國家〔2013年再從俄羅斯購入維克拉瑪蒂亞號（INS Vikramaditya）〕，此外印度也在1986年從蘇聯取得核子動力潛艇，並嘗試自行製造。印度海軍目前擁有超過155艘船艦，如按照噸位總和計

算，其實力排行爲世界第五，其編制內共有6萬7,000人，分爲東方、南方、西方三個司令部，是印度洋航道上主要安全秩序維護者。

不過印度領導人始終認爲其維持國防安全的目的是在國內創造一個穩定且發展的經濟秩序。首任總理尼赫魯就曾表示：提升經濟生產力是印度所有國家發展目標中最重要的目標。因此要更瞭解印度，仍必須從其經濟發展的角度來看。

從經濟的角度看印度

「印度崛起」（India is rising）在一定程度上已經成爲今日國際政治上時髦的新名詞。但印度是否眞的在崛起？要回答這個問題之前，我們先看印度崛起這個想法是從什麼時候出現的。

2001年間，國際知名的高盛證券（Goldman Sachs Inc.）首席經濟分析師Jim O'Niell首次提出金磚國的概念，認爲如果以購買力評價來計算，則中國、印度、巴西、俄國這四個新興經濟體的GDP將占全球整體的23.27%（原本按匯率計算只有7.95%），因此這四個國家的經濟實力不容小覷（O'Neill, 2010）。之後高盛在2003年的另一篇報告中，進一步預言在公元2050年時，世界經濟版圖將重新洗牌：現有六大工業國中的英國、德國、法國、義大利將被淘汰出局，取而代之的是金磚四國。在這四個國家中，「中國與印度將成爲世界上最主要的製成品和服務提供者，而巴西和俄羅斯相應的將成爲世界上最主要的原材料提供者」。由於巴西和俄羅斯可以爲中國和印度在製造業上提供所需原料，這四國將開展更加廣泛的合作。據預測，「金磚四國」將有能力組成強大經濟集團，取代現在六大工業國家的地位。高盛報告中的「金磚四國」儼然成爲未來新經濟強權的代名詞。（Wilson, et. al., 2003）在臺灣，金磚四國的概念經由《商業週刊》2005年的一篇專題報導而廣爲人知[3]，進而帶動臺灣研究印度經濟的熱潮，國內第

3　〈一個截然不同的世界，正在崛起金磚四國〉，《商業週刊》，2005年，第901期：http://www.businessweekly.com.tw/EMagMainPage.aspx?ID=882&show=1。

一本探討印度經濟的論文集也在2007年出版（朱雲鵬等，2007）。

　　當時各界對印度的興趣主要源自於其高經濟成長率，而許多世界經濟的報告也都呈現出這種樂觀的預測：世界銀行在2011年1月所發表的「全球經濟展望報告」（Global Economic Prospect 2011）顯示，包括印度在內的南亞各國在未來幾年內將繼續維持7.7%至8.1%的高經濟成長率（World Bank, 2011a）。2011年8月，印度經濟計畫委員會所提出的第十二個五年計畫（預計從2012年4月開始執行）中，也預測未來五年的經濟成長率設定在9%。世界銀行稍早所發布的「2010年南亞經濟現況報告」（2010 South Asia Economic Updates）所引用的一些民意調查數據更顯示，印度人民對未來經濟發展普遍樂觀。2009年印度有七成受訪者認為國內的經濟情勢很好，此數字較前一年還高百分之十；這些數字之所以特別，是因為同時期在世界上其他地區，人民對未來經濟發展表示樂觀的比例都偏低（美國只有不到百分之二十的受訪者認為國內的經濟情勢算好，印尼與巴西的數字也只有四成）（World Bank, 2011b）。

　　不過現在看起來這些數字都明顯高估，特別是歷經2008～2010年全球經濟風暴之後，印度的經濟成長明顯下滑，連其國內學界對未來經濟發展也不抱樂觀。前總統經濟顧問、現任印度國際經濟研究中心（Indian Council for Research on International Economic Relations, ICRIER）研究員Shankar Acharya認為印度受到全球經濟危機的影響不大，未來應該能夠保持穩定的經濟成長。不過過去兩年來印度飽受通貨膨脹之苦，而且政府預算赤字的問題短期內很難改善，因此未來經濟成長率也會低於2003～2008年（金融危機前）的水準（Acharya, 2012: 9-15）。另一種更為悲觀的論點認為印度經濟面臨很大的危機，因為政府至今並沒有努力改善其基礎設施不足的問題，也沒有提出整體經濟發展的有效策略，因此除非出現一次類似1991年規模的經濟改革，否則未來五到十年的經濟成長率只能達到6～7%的規模[4]。筆者在2012年初前往新德里進行三個月的訪問研究，發現這塊傲視全球的「金磚」早已褪色：當時印度經濟成長率從五年前的8%降到不足5%，國

4　Dhiraj Nayyar, 2012, "Trapped: Can Indian economy survive bad policy and worse politics," *India Today*, http://indiatoday.intoday.in/story/can-indian-economy-survive-bad-policy-and-worse-politics/1/178083.html.

內通貨膨脹嚴重、盧比（印度貨幣）不斷貶值。當時絕大多數學者都預測到了2014年，兩大黨的支持度都將繼續下降，各種地方型小黨將隨之崛起。2013年德里議會選舉，一個以反貪腐爲號召的新政黨「小老百姓黨」（AAP）竟然打敗兩大黨取得議會多數，似乎印證了這種預測。

　　不過在2014年5月的國會大選中，在野的印度人民黨（Bharatiya Janata Party, BJP）卻打了一手好牌，先是推出治理地方績效卓著的古吉拉特邦（Gujarat）邦長莫迪（Narendra Modi）爲總理人選，以「政績」和「效率」來吸引選民，另一方面全力攻擊國大黨處理經濟議題的無能。最後印度人民黨及其組成的全國民主聯盟（National Democratic Alliance）各政黨共贏得543席次中的335席，終結了國大黨（Indian National Congress）連續十年的執政，完成了一次漂亮的政黨輪替。莫迪上臺後，以振興經濟爲施政主軸，喊出「Make In India」（來印度製造）的口號，希望藉由改善經商環境與吸引外資，來提升該國製造業的實力，這個策略是否眞能奏效目前仍在未定之天[5]。不過由於全球市場衰退，未來即使印度成功將其國內的農業人口轉移到製造部門，但也很難複製中國的出口導向發展模式，而是讓國內市場能夠吸納製造業的產品。目前資訊及軟體產業雖然是印度的強項，但是從業人口占整個社會的比例非常少，並不能在印度的經濟發展上扮演關鍵角色。如果要發展國內的經濟，繼續投資基礎建設及推廣教育似乎是唯一的方式，但印度政府是否有能力獨自進行這樣的計畫不無疑問。

本書研究架構

　　由於長達數十年的隔閡，臺灣與印度兩國之間殊少往來，在印度剛被點名爲「金磚國」的時候，臺灣學界很少人研究印度，當時市面上能找到

5　Make in India與Made in India的中文意思都是「印度製造」，但前者用現代式的Make而非過去式的Made，在語法上有共同進行之意，希望邀請外資到印度投資，共同創造利潤與機會。這個口號與其標誌（由各類轉動中的齒輪構成獅子圖案）都是印度政府所委託的廣告公司Weiden and Kennedy（美國）所想出的行銷創意。資料來源請參閱Garji Gupta, 2014, "Revealed: Man behind PM's Make in India campaign," *DNA News*, http://www.dnaindia.com/india/report-revealed-man-behind-pm-s-make-in-india-campaign-2036160.

關於印度政治歷史類書籍都是三十餘年前出版的，如吳俊才所著的《印度史》（1980）。這樣的情況到十餘年前才打破。目前在社會科學領域，國內出版的印度研究專書以施正鋒、謝若蘭主編的《當代印度民主政治》（2007）、鄭端耀主編的《印度》（2008）以及那瑞維主編之《印度崛起》（2013）三本論文集最為完整，但因為出版數量少，在市面上流通不廣。此外由亢升編著，香港城市大學出版的《印度：崛起中的亞洲巨象》（2009）對印度政經發展等各層面做了全面介紹，屬於入門書籍，但學術價值遠不如前述三本論文集。大陸地區研究南亞區域政治的主要機構如四川大學南亞研究所也曾出版一系列關於印度的叢書。如《印度政治與法律》（四川出版集團，2004）；《南亞政治發展與憲政研究》（四川出版集團，2008），但這些書籍出版時間較早或結構不夠嚴謹，很難反映印度目前的情況。

　　本書嘗試在上述研究的基礎上，進一步探討兩個主要問題：

　　1. 這個國家如何運作？其制度、社會、與對外關係之特色為何？

　　2. 2014年上臺執政的莫迪政府如何應付這些挑戰？

　　根據這兩個問題，本書主要是從以下三個角度來分析印度：政治制度、社會發展、對外關係。這三個面向類似國際關係學者Robert Cox所主張，在人類歷史結構（historical structure）下相互影響的三種力量：制度（institutions）、理念（ideas），以及物質能力（material capabilities），也符合英國學派學者Barry Buzan所提出的國家組成三要素：國家機構（institutions of the state）、國家的概念（ideas of the state），以及國家的物質基礎（physical base of the state）（Cox and Sinclair, 1996: 98~99; Buzan, 1991: 16）。Cox與Buzan的貢獻在於打破過去學者只從物質力量之單一面向來觀察國家的互動或能力，本書也將採取類似的立場，認為要評斷印度如何發展，必須從其內部制度、社會與發展、對外關係等三方面來研究，才有可能勾勒出較為完整的面貌。關於印度的某些議題因國內已經有相關研究出版，故不會納入本書的討論範圍，例如藍筱涵所著之《遠離甘地的國度》（2013）是國內第一本專門探討印度人民黨的研究著作（藍筱涵，2013）；納薩爾毛派（Naxalites）對印度政治的影響（陳牧民，2015）；此

外也有研究生以印度的太空計畫為題撰寫碩士論文，並且正式對外發表（許庭榜，2015）。2015年清大亞洲中心所出版之《南亞研究新視野》論文集更收錄了九篇關於印度的研究論文，主題涵蓋政治發展、外交戰略、經濟社會等各面向（司徒文、陳牧民，2015）。至於台印關係，因為與本書主題有距離，且已有相當論文出版，也只能割捨。有興趣之讀者可參考本書作者之相關著作（Mumin Chen, 2015）。原則上本書各章節所選擇的主題，將以具有研究價值但較少人關注之議題為主。

　　本書之主要架構如下表所示，共分為三大部分。第一部分將以三章篇幅來討論印度的政治制度與運作，其中第一章「憲法、政府體制與中央地方關係」將討論印度聯邦制的形成，以及在憲法架構下中央與地方之間的互動；第二章「世俗主義與宗教民族主義交戰下的政黨政治」將以世俗主義與宗教民族主義的角度說明政壇上兩大政黨（印度人民黨與國大黨）如何崛起及發展現況；第三章「印度的地方政黨與政治」則介紹地方性政黨對政治之影響。

本書架構與章節安排

主題	主要內容	章節安排
研究主題簡介	研究動機、文獻回顧、分析架構	導　論
政治制度與運作	憲法、政府體制與中央地方關係	第一章
	世俗主義與宗教民族主義交戰下的政黨政治	第二章
	印度的地方政黨與政治	第三章
社會與發展	少數族群問題	第四章
	糧食安全	第五章
	能源安全	第六章
與鄰國關係	印度與巴基斯坦的關係	第七章
	印度與中國的關係	第八章
	印度與南亞鄰國關係	第九章
結論	總結	第十章

資料來源：作者自行繪製。

　　本書第二部分將進一步討論印度的社會與發展，其中第四章「少數族群問題」將討論少數族群（minority groups）的現況，並將重點放在穆斯林、東北地區的少數民族與錫克教徒等三個族群；第五與第六章將分別討論「糧食安全」與「能源安全」兩個主題，希望能就糧食與能源兩面向深入觀察印度的現況。

　　全書第三部分為印度與鄰國關係，其中第七章「印度與巴基斯坦關係」將討論印度與其宿敵之間的恩怨情仇；第八章「印度與中國關係」將介紹印中關係的歷史與現況；第九章「印度與南亞鄰國關係」將以此介紹印度與不丹、尼泊爾、斯里蘭卡及孟加拉的關係。

　　最後第十章「結論」部分將綜合各章之內容，討論印度是否崛起以及其對當前國際政治之影響。本書所收錄的部分章節過去曾經以專書篇章或研討會論文的形式發表，但因為印度近年發展速度太快，許多內容和數字都有再更新之必要，本書對於這些部分均加以改寫更新，儘量呈現出最新最完整的資訊。

　　因為印度從裡到外都充滿多元複雜的特性，因此企圖要用一本書的篇幅來「解讀」這個國家並不容易，更遑論要「預測」其是否崛起。但就學術研究的角度而言，以分章討論的方式來呈現今日印度各面向的發展情況仍然是比較可行的作法。僅期待這樣的研究專書能為國內逐漸興起的「印度學」研究作出些許貢獻。

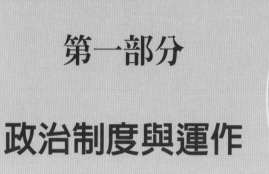

第一部分

政治制度與運作

前言

　　依照憲法規定，印度是一個聯邦制國家，其中央政府的正式名稱為聯邦政府（Union Government）。但實際上聯邦政府的權力之大並不亞於其他中央集權制國家：印度憲法賦予總統在緊急狀況下解散地方政府的規定，使得中央領導人往往以地方憲政失序為由，接管違抗中央命令的地方政府；而具有民意基礎的地方政府為了爭取更大的自治權與經濟利益，也不惜與中央政府對抗。使得在印度民主政治發展過程中，中央與地方之間的對立與衝突屢見不鮮，有時甚至危及整個聯邦制度的基礎。本章嘗試對印度憲法與聯邦制度、特別是中央與地方政府之間的關係做介紹。其中第一部分是關於聯邦制度出現的背景，特別是憲法對聯邦制度的規定；第二部分是憲法對中央與地方權力的劃分，總統緊急處分權所引發的爭議，以及在當前憲政體制下中央政府與地方互動的過程；第三部分討論的是行政區劃分原則，特別是1956年邦重組法案通過之後的發展，在這裡也將說明幾個具有爭議性的邦成立經過（旁遮普、東北地區、錫金、喀什米爾）。最後將討論在這樣的憲法架構下，中央與地方政府間互動出現摩擦的原因及其影響。

1　本章內容最早發表於鄭端耀主編之《印度》（2008），但內容與資訊均已修正或更新（陳牧民，2008：頁63-90）。

印度聯邦制度的起源與發展

　　英國統治印度期間，採取的是一種高度中央集權的體制。當時殖民政府也設立行省（province）做為地方的行政單位，但那只是為了方便管理廣大的領土與眾多人民，行省本身並無實際的自治權。在第一次世界大戰之後，爭取獨立的印度政治菁英開始討論未來印度採納聯邦制的可能。但直到殖民後期，聯邦制做為獨立後的政治制度才正式被國大黨所接受。當時聯邦制被認為是解決印度獨立後兩大問題的最好解決方式：第一個問題是如何接納在英國殖民下擁有半獨立地位的土邦（princely states）；第二個是如何回應伊斯蘭教徒對更大幅度自治權的要求。在印度獨立之前，大英帝國統治下的印度地方行政區有兩種形式：行省是由英國政府直接統治，而562個土邦則擁有對內的自治權，但在外交與國防上承認英國的主導權。這些土邦所控制的領土約占全英屬印度的五分之二，有6,000萬人民（Robert and Kochanek, 1993: 126）。聯邦制被認為是能成功整合行省與土邦的最佳制度設計。

　　穆斯林問題則更為複雜。在印巴分治之前，穆斯林占全印度人口的百分之二十四。雖然多數人集中住在東部與西部（也就是今日孟加拉與巴基斯坦），但仍有為數眾多的穆斯林混居在海德拉巴（Hyderabad）、喀什米爾、以及恆河平原地帶。為了怕被印度教社會同化，伊斯蘭教徒在獨立前一直要求在政治上擁有一定的自治權。英國殖民當局在1935年制定一部印度政府法案（Government of India Act of 1935），正式引進一種接近中央集權的聯邦制度：在聯邦的原則下，政治權力集中在英國國王所任命的總督（Governor General）手中，由其直接統治具有自治地位的行省與自願加入的土邦。獨立期間，由於伊斯蘭教徒堅持與印度教徒分家，另外建立巴基斯坦國，加上印度本身並沒有真正實施聯邦制度的經驗，使得獨立運動領袖如尼赫魯（Jawaharlal Nehru）等對聯邦制的熱情逐漸降溫。後來印度所實施的聯邦制反而具有高度中央集權的色彩。研究印度憲法的學者奧斯丁（Granville Austin）認為：在獨立之前，甘地、尼赫魯等領袖為了要讓印度人民具有共同抗拒英國殖民統治的力量，刻意創造出一種聯合一致的氣氛，因此將國家的統一塑造為最高價值。國大黨甚至在1937年至1939年間在八

個贏得選舉的省份中試行中央集權式的政府——由國大黨的中央議會理事會
（Central Parliamentary Board）直接指揮這些省的政務運作（Austin, 1966:
145）。

　　在此背景下，一種中央集權並保留地方權力的政治形式逐漸浮上檯
面，成為獨立制憲時的唯一選擇。換言之，印度聯邦主義的形成原因與其他
聯邦制國家不同：後者多是由具有自治權的地方自願結合成統一的國家，
而前者則是在建立一個中央集權體制的過程中，考量到各地語言文化宗教
的差異所做出的一種妥協。這種高度中央集權的聯邦制度在部分批評者眼
中根本只是一種假聯邦制度。奧斯丁則稱之為合作式聯邦制（cooperative
federalism）（Austin, 1966: 187）。此外，印度的聯邦體制與其鄰國中國也
形成有趣的對照：中國為中央集權體制，但部分經濟實力較強南方省份卻具
有與中央抗衡的實力；印度採取聯邦體制，但中央政府卻因制度設計而具有
干涉地方政府的能力。

　　目前印度地方行政區劃分為29個邦（Pradesh）、6個聯邦屬地（Union
Territories）、與德里國家首都轄區（National Capital Territory of Delhi）
（見圖1-1與表1-1）。多數的邦與獨立時所設計的行政區並不相同，而是中
央與地方長期折衝的結果。原則上，各邦的組織形式與中央政府一樣：邦之
最高首長為邦長（Governor），其地位相當於中央政府的總統。邦長由總統
徵詢邦內閣後任命，任期五年。雖然依照印度憲法，邦長具有廣泛的權力，
邦內一切權力都是以邦長的名義行使，但是在實際運作上邦長僅是中央政府
在邦的代表，比較類似內閣制國家的虛位元首。各邦的實際政務由首席部長
（Chief Minister）領導的部長會議所掌握，其地位相當於中央政府裡的總理
與內閣，對議會（稱之為立法大會：Legislative Assembly, Vidhan Sabha）
負責。首席部長由邦長任命立法大會的多數黨領袖擔任，運作方式與內閣制
國家相同（楊翠柏等，2004：130）。立法大會掌握邦的立法權。依印度憲
法規定，議員數量介於60至500人之間，任期也是五年。有些邦的議會採兩
院制，其立法大會的地位類似下議院，並另外設立上議院，稱之為立法院
（Legislative Council, Vidhan Parishad）。

　　在邦與聯邦屬地之下的行政區為「區」（district, zilla）、「次
區」（sub-district, tehsil或taluq）或「市」（分為市自治體Municapal

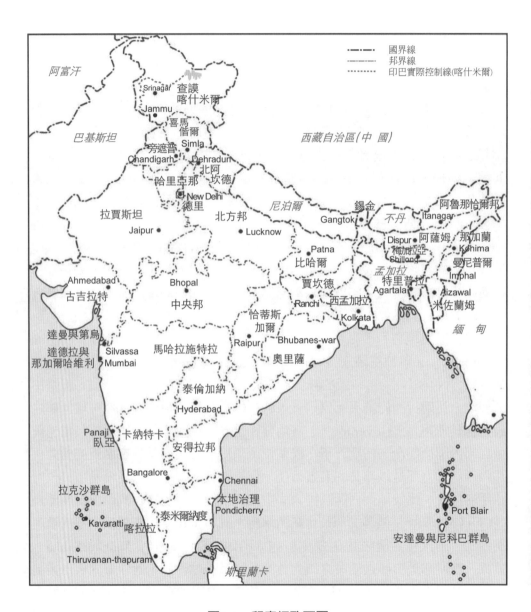

圖1-1　印度行政區圖

資料來源：解鈴、林穎萱協助繪製。

Corporation、市Municapility）、與「村」（village, Graam或Gau'n）。印度
行政區的劃分原則上承襲自英國殖民時期，但最基層行政單位的村卻有悠久
的歷史。在古代，村的決策單位稱爲村評議會（Panchayat），有學者將其
音譯爲「潘查雅特」，或可直譯爲「五人長老會」（council of five）。村評
議會過去爲村民大會的執行機構，負責村內大小事務的管理。此一傳統在英
國殖民時期沒落，但在印度獨立後，尼赫魯將其加以改良後，在1959年提
出，稱之爲Panchayati Raj計畫，就是在村的層級設立村評議會以做爲決策
機構，其目的在鼓勵地方自治與經濟發展（Hardgrave and Kochanek, 1993:
113; Austin, 1999: 167）。但是後來各地方發展的差異很大，因此此一制度
是否眞的能展現印度的草根民主文化也不無疑問。

表1-1　印度行政區資料

名稱	面積（平方公里）	人口	首府	成立日期
Jammu and Kashmir 查謨喀什米爾	222,236	12,548,926	Jammu（冬） Srinagar（夏）	1947年10月26日
Himachal Pradesh 喜馬偕爾	55,700	6,856,509	Shimla	1971年7月25日
Uttar Pradesh 北方邦	238,566	199,581,477	Lucknow	1937年
Rajasthan 拉賈斯坦	342,239	68,621,012	Jaipur	1956年11月1日
Gujarat 古吉拉特	196,024	60,383,628	Gandhinagar	1960年5月1日
Madhya Pradesh 中央邦	308,144 308,245	72,597,565	Bhopal	1956年11月1日
Bihar 比哈爾	94,163	103,804,637	Patna	1912年
Uttrakhand 北阿坎德	53,483	10,116,752	Dehradun	2000年11月9日
Jharkhand 賈坎德	79,714	32,966,238	Ranchi	2000年11月15日

表1-1　印度行政區資料（續）

名稱	面積（平方公里）	人口	首府	成立日期
West Bengal 西孟加拉	88,752	91,347,736	Kolkata	1960年5月1日
Assam 阿薩姆	78,438	31,169,272	Dispur	1947年8月15日
Nagaland 那加蘭	16,579	1,980,602	Kohima	1963年12月1日
Manipur 曼尼普爾	22,327	2,721,756	Imphal	1972年1月21日
Mizoram 米佐蘭姆	21,081	1,091,014	Aizawal	1987年2月20日
Tripura 特里普拉	10,486	3,671,032	Agartala	1972年1月21日
Sikkim 錫金	7,096	607,688	Gangtok	1975年5月16日
Arunachal Pradesh 阿魯那恰爾邦	83,743	1,382,611	Itanagar	1987年2月20日
Maharashtra 馬哈拉施特拉	307,713	112,372,972	Mumbai	1960年5月1日
Andhra Pradesh 安得拉邦	160,205	49,386,799	Hyderabad	1956年11月1日
Telangana 泰倫加納	114,840	35,286,757	Hyderabad	2014年6月2日
Tamil Nadu 泰米爾納度	130,058	72,138,958	Chennai	1956年11月1日
Karnataka 卡納特卡	191,791	61,130,704	Bangalore	1956年11月1日
Orissa 奧里薩	155,707	41,947,358	Bhubanes-war	1949年1月1日
Kerala 喀拉拉	38,863	33,387,677	Thiruvanan-thapuram	1956年11月1日

表1-1　印度行政區資料（續）

名稱	面積（平方公里）	人口	首府	成立日期
Chhattisgarh 恰蒂斯加爾	135,191	25,540,196	Raipur	2000年11月1日
Goa 臥亞	3,702	1,457,723	Panaji	1987年5月30日
Punjab 旁遮普	50,362	27,704,236	Chandigarh	1966年11月1日
Haryana 哈里亞那	44,212	25,353,081	Chandigarh	1966年11月1日
Meghalaya 梅加拉亞	22,492	2,964,007	Shillong	1972年1月21日
聯邦屬地				
Andaman and Nicobar Islands 安達曼與尼科巴群島	8,249	379,944	Port Blair	1956年11月1日
Chandigarh 昌迪加爾	114	1,054,686	Chandigarh	1966年
Dadra and Nagar Haveli 達德拉與那加爾哈維利	491	342,853	Silvassa	1961年8月11日
Daman and Diu 達曼與第烏	112	242,911	Kavaratti Daman	1987年5月30日
Lakhshadweep Islands 拉克沙群島	32	64,429	Kavaratti	1956年11月1日
Pondicherry/ Puducherry 本地治理	479	1,244,464	Pondicherry	1963年7月1日
Delhi 德里	1,483 11,297	16,753,235	New Delhi	1958年11月1日

資料來源：印度政府2011年普查資料：http://censusindia.gov.in/2011-prov-results/census2011_PPT_paper1.htm；胡芳庭協助整理。

中央與地方的權力劃分

　　印度各邦並沒有本身的憲法，在中央與地方的分權上，印度憲法採取列舉式，也就是將政府的所有權力分為三大類，其中第一類（共97項）為中央政府的獨有權力，包括國防、外交、貨幣、銀行 所得稅收等等。第二類為地方專屬權利，共66項，包括公共秩序、警察、社會福利、衛生、教育、地方政府、工業、農業、土地稅收盈餘等。第三類為中央與地方共享權力，包括民刑事司法管轄權、社會與經濟計畫等47項。未列舉的權力則歸於中央；如果中央與地方衝突時，則中央權力凌駕在地方之上（Hardgrave and Kochanek,1993: 129）。

　　憲法不僅賦予中央政府廣泛的權力，還賦予中央政府在某些特殊情形下直接干預地方行政與立法的權力，例如憲法關於緊急權（emergency power）的規定，允許中央政府在三種緊急情況下得以將國家由聯邦制轉為中央集權：

1. 憲政體制在地方行使過程出現危機時，總統得解散地方政府並行使直接統治權（憲法356條）；
2. 當國家遭遇外患、戰爭或內亂的危機時，總統得宣布國家進入緊急狀態（憲法352條）；
3. 當國家的金融秩序穩定遭遇危機時（憲法360條）。

　　此外憲法256、257、365、249條也規定中央政府可逕行執行聯邦行政權指揮地方，並對違抗的邦做出一定處分。其中256條與257條規定地方的行政權不得與中央政府所制訂的法令牴觸；365條賦予中央接管地方政府的權力；憲法249條更規定上議院（Rajya Sabha）得取代地方立法機構執行原屬後者的立法權。也就是當憲法原本規定某項議題之立法權屬於地方，但國會可逕行立法使之生效。

　　這些由憲法賦予中央政府的權力在後來政治發展的過程中都曾被實際運用。尼赫魯曾在1962年中印邊界戰爭期間，援引憲法352條宣布國家進入緊急狀態，該狀態甚至延續至1965年的印巴戰爭。1975年與1977年英迪拉甘

地（Indira Gandhi，臺灣過去譯爲「甘地夫人」）執政時也曾引用該條款。至於憲法356條的總統直接統治權（President's Rule）所產生的爭議更大。當年制憲者認爲此一條款原本是在爲應付政治上極端情況而設，但中央政府領導人動輒濫用此一權力。也有學者認爲總統緊急命令權的制度設計是源於德國威瑪共和憲法與1935年英國殖民政府所訂的印度政府法（Rathod, 2004: 132-4；石忠山，2007：11）。1951年當總理尼赫魯首次援引此一條款解散旁遮普邦政府時，總統Rajendra Prasad並不認同此一做法，甚至表示此舉不僅不符合憲法精神，且爲往後政治開了一個惡例（Austin, 1999: 158）。後來果然如其所預言：自1950年憲法正式頒布迄今，聯邦政府援引憲法356條解散地方政府已經有一百多次，其中有些地方的情勢尚未達到不可收拾的地步，但中央政府仍然予以強行接管。因此近年來印度社會對總統直接統治權侵犯地方自治權有許多批評。印度前大法官V.R Krishna Iyer甚至公開要求凍結或廢止此一憲法條文。[2]

　　憲法給予中央政府的極大權力，使得印度在政治發展上呈現出中央集權國家的特徵，特別是中央政府藉此干預地方事務，並以財務資源要求地方配合中央政府的政策。而印度獨立後由於國大黨長期在中央與地方政府同時執政，也強化了此一趨勢。另一方面，因爲憲法賦予地方政府在教育、農業、社會福利政策上的權利，也使得後者在一定程度上具有與中央政府討價還價的能力。地方首長往往爲了自身的選票與政治利益拒絕執行中央政府的政策，特別是與土地改革及農業稅收相關的政策：憲法規定這些議題屬地方權力，因此在這些議題的政策上呈現出中央與地方議價的局面（Hardgrave and Kochanek,1993: 132）。

　　過去由於國大黨同時在中央與地方執政，因此中央與地方之間的議價多半是在國大黨黨內進行。當國大黨在1967年分裂，逐漸失去在政治上的獨大權力後，這類的議價過程也就逐漸轉移到正式的政府體制之內，例如部長會議（Conference of Chief Ministers，即內閣）。隨著國大黨在地方勢力的衰落，許多邦的執政權落入地方性的反對黨手中，中央與地方之間的衝突也越來越白熱化。

2　"Article 356 should be abolished," *Frontline*, Vol. 15, No. 14 (July 4-17, 1998), http://www.frontline.in/static/html/fl1514/15140240.htm.

1956年邦重組法案與行政區劃分原則

　　印度在1947年獨立時，先承襲英國的制度將領土劃分爲27個邦。但在英帝國統治時期所建立的行省主要是爲了殖民統治方便而設，並未考慮到各地區在語言、文化、甚至宗教上的巨大差異。因此即使國大黨從1920年代便主張以語言文化的界限來劃定行政區，但尼赫魯等獨立運動領導人均擔心過於鼓勵地方語言文化，將不利於國家的統一。爲了解決此一問題，制憲大會（Constituent Assembly）曾任命一個被外界稱爲達爾委員會（Dar Commission）的小組來研究如何以語言原則來劃定行政區[3]。這個委員會在1948年12月提出的報告指出：爲了保持國家的統一性，防止地方分離勢力出現，應該避免太過強調地方語言文化的特殊性。因此委員會對依照語言原則來劃分行政區一事表達反對立場（Arora, 1956: 27）。由於此一決定爭議太大，國大黨決定另行任命一個由尼赫魯、帕特爾（Vallabhbhai Patel，副總理）、斯塔拉馬亞（Pattabhi Sitaramayya）（國大黨主席）三人所組成的委員會來重新檢視此一議題[4]。VPJ委員會最後仍採納Dar委員會的觀點，認爲維持國家統一性更爲重要，但同意讓南方馬德拉斯地區（Madras）說泰盧固語（Telugu）的區域成立安得拉邦（Andhra Pradesh）。

　　中央政府同意安得拉設邦的決定讓許多地方對行政區的劃分更爲不滿，甚至引發中央與地方的衝突。因此在1955年，尼赫魯另外認命一個由三人組成的邦重組委員會（States Reorganization Commission），全面重新檢討行政區的劃分。此委員成員花費數個月時間到全國各地探勘之後，終於向政府提出一份正式報告。該報告建議將27邦依照各地語言文化的界限重新劃分爲14個邦，原則上每個邦都有一種主要語言（Arora, 1956: 28）。東北邊境地區（Northeast Frontier Region）、印度洋沿岸島嶼、德里等6個行政區則由中央直接管轄，稱爲聯邦屬地（Union Territories）。此一行政區重劃計畫在第二年國會通過邦重組法案（State Reorganization Act of 1956）

3　因其主席之名被稱爲達爾委員會（Dar Commission）。

4　因三人姓名的第一個字母分別爲V、P、J而被簡稱爲VPJ委員會（VPJ Committee）。

後正式生效。

　　各地方對邦重組法案的評價不一。該法案固然解決了多年來地方上要求行政區符合語言文化界限的要求，但是對於最棘手、語言文化衝突最激烈的幾個地區，該法案並未做出決定。這些地區包括了孟買（獨立初期的孟買是包含孟買市在內的廣大地域）、旁遮普以及東北地區。孟買問題的複雜性在於該地有兩種主要語言。其中多數居民說馬拉地語（Marathi），但掌握城市經濟命脈的多半是說古吉拉特語（Gujarati）的族群。由於這兩個族群長期以來混居，要將整個區域一分為二有實際困難，因此邦重組委員會反對以語言原則分割孟買。但經過1960年的嚴重暴亂之後，國大黨終於決定設立一個以古吉拉特語為官方語言的古吉拉特邦（Gujarat）與馬拉地語族群為主體的馬哈拉施特拉邦（Maharashtra），並將孟買市劃入後者。

旁遮普問題

　　旁遮普的問題稍有不同，嚴格來說該地區問題的根源不是語言，而是宗教。旁遮普是錫克教（Sikhism）教徒的主要居住地。旁遮普居民所使用的語言旁遮普語（Punjabi）其實與官方語言印地語（Hindi）十分相似，只是錫克教徒使用Gurmukhi字母來拼寫旁遮普語，與印度教徒用天城文（Devanagari，為印地語使用的字母）、穆斯林用阿拉伯文來拼寫其語言（即烏都文，Urdu）的習慣不同。Gurmukhi字母是錫克教聖書Guru Granth Sanhib所使用的文字，因此錫克教徒一直希望建立一個使用Gurmukhi字母的單獨社群。在印度獨立之初，錫克教徒甚至期望能在印度與巴基斯坦之間建立一個獨立的卡里斯坦（Khalistan）國。當獨立願望變得不可能實現之後，錫克教徒轉而要求高度的自治地位。獨立初期中央政府將該地劃分為兩個行政區，分別為旁遮普（Punjab）及帕提拉與東旁遮普省聯盟（Patiala and East Punjabi States Union）。錫克教徒人數在這兩個地區內所占的比例不高，因此決定發起一個建立屬於錫克教徒的旁遮普家邦（Punjabi Suba）運動。

　　1955年的邦重組委員會認為設立一個單獨的旁遮普邦並不能解決問題，反而可能加深錫克教徒與其他族群的嫌隙，因此決定將旁遮普及帕提拉

與東旁遮普省聯盟合併，將旁遮普語及印地語共同列為該邦的官方語言。在這個新的邦中，錫克教徒只占總人口的三分之一，主要居住在西部地區，而印度教徒則集中在東部。錫克教徒對此一決定極為不滿。旁遮普地區錫克教政黨最高阿卡里黨（Akali Dal，又稱Shiromani Akali Dal）要求比照孟買分邦的模式，讓錫克教徒與印度教徒分家。大量的錫克教徒參與示威被捕入獄，錫克教領袖法特辛格（Sant Fateh Singh）與塔拉辛格上師（Master Tara Singh）等人還發起絕食。到了1966年中央政府終於讓步，決定將旁遮普邦一分為二，西邊的錫克教徒成立旁遮普邦，而東邊的印度教徒聚居地成立哈里亞那邦（Haryana）。由於兩個邦都屬意將首府設在由著名法國建築師柯比意（Le Corbusier）所打造的現代化城市昌迪加爾（Chandigarh），中央政府索性將該地設為兩個邦的共同首府，並將該市劃為聯邦屬地。1971年，中央政府另外將原旁遮普北部靠近中國西藏的山岳地帶另外成立一個喜馬偕爾邦（Himachal Pradesh）。

　　旁遮普分為三邦之後，錫克教徒對自身在政治上的權力並不滿意，與國大黨政府之間的嫌隙漸深。1973年本地政黨最高阿卡里黨通過一份決議（Anandpur Sahib Resolution），要求中央給與錫克教徒更高度的自治，但國大黨政府並未妥善回應。1983年春天，激進的錫克教徒開始攻擊印度教徒與政府官員，總理英迪拉甘地（Indira Gandhi）援引憲法356條解散旁遮普邦政府，由中央進行接管。激進的錫克教徒在領袖賓德蘭瓦里（Bhindranwale）領導下，盤據在錫克教的聖地大金寺（the Golden Temple），進行全面武裝反抗。1984年6月，英迪拉下令政府軍對大金寺發動攻擊，戰事進行達三天之久，造成千人死亡。雖然此一悲劇消滅了最激進的錫克教武裝勢力，但英迪拉也在當年10月被錫克教衛士暗殺身亡。旁遮普邦在往後的十多年間陷入混亂，直到近年情勢才有明顯緩和。支持旁遮普獨立成為Khalistan國的運動不再獲得溫和派領袖與人民的支持，後來出任總理的辛格（Manmohan Singh）本身也是錫克教徒。

東北各邦之行政區劃分

位於東北阿薩姆地區是中央政府的另一個難題。此一地區與中國西藏及緬甸交界，與印度本土距離遙遠，語言與人種也與東亞近鄰類似。由於地形崎嶇難行，各部落長期各自發展，與外界接觸有限。即使在英國統治時期，殖民政府也未能完全將該地區置於完全統治之下。但在19世紀末至20世紀初，大批來自美國的浸信會傳教士深入該地，成功地讓部落居民受洗成爲基督徒。這個特殊發展讓部落居民在文化認同上與以印度教爲主的傳統印度社會差距更大。位於阿薩姆邦最東邊，與緬甸接壤的那加部落（Naga tribe）是一個典型案例。當獨立後的印度中央政府嘗試將該地納入管轄範圍時，那加人不僅自行設立政府與印度對抗，甚至還到聯合國指控印度的「侵略行爲」。1956年中央政府派兵至該地恢復秩序，並嘗試與那加人談判。最後那加人終於同意留在印度聯邦之中，中央政府也在1963年正式同意讓那加地區由阿薩姆邦脫離出來，另外成立那加蘭邦（Nagaland）。

在那加獲得自治地位後，東北地區的其他部落深受鼓舞，也開始要求自治。米佐人（Mizo）甚至主張脫離印度獨立，並組織游擊隊與印度政府進行武裝對抗。最後在1972年中央政府終於決定重新劃分東北地區的行政區：原本在聯邦管轄之下的曼尼普爾地區（Manipur）地區分別成爲獨立的邦[5]；阿薩姆的梅加拉亞地區（Meghalaya）地區成立梅加拉亞邦；東北邊境地區（爲印度與中國的爭議領土）改爲阿魯那恰爾邦聯邦屬地（Union Territory of Aruanchal Pradesh）（1987年再升格爲阿魯那恰爾邦）。至於米佐人居住地則改爲米佐蘭姆聯邦屬地（Union Territory of Mizoram）。

1972年的行政區重劃後印度東北成爲7個邦（加上1975年兼併的錫金），與印度本土之間僅靠著一條寬約27公里的狹長領土維繫。此外百分之九十八的對外邊界與中國、孟加拉、緬甸與不丹等國接壤，因此印度政府一直擔心外國勢力會介入本地區，扶植本地區的反政府勢力[6]。雖然行政區

5　這兩個地區在1956年邦重組法案中被劃歸爲聯邦屬地東北邊境地區。

6　2008年6月印度外長慕克吉（Pranab Mukherjee，現任印度總統）訪問北京時，曾指稱印度政府在東北地區發現中國製武器，暗示中國介入該地區紛爭。參閱〈印度國內噪音貫穿外長中國行〉，《新華網》，2008年6月10日：http://news.xinhuanet.com/herald/2008-06/10/content_8336436.htm。

重劃讓各少數民族享有自治權，但是反抗中央政府的游擊隊勢力仍然一直存在。其中情勢比較嚴峻的是曼尼普爾邦，由於反政府游擊隊聯合民族解放陣線（United National Liberation Front）仍持續進行騷亂，中央政府不得不繼續執行有爭議的武裝部隊特別權力法（Armed Forces Special Power Act），該法授權安全部隊任意逮捕人民或進入民宅搜索，甚至可以直接射殺違反法律秩序的嫌犯。該地至今仍不許外人隨意進入，印度主要媒體對該地的戰事也很少報導，因此外界對該地的實際情形瞭解甚少[7]。此外在阿薩姆邦，主要的反抗勢力是1979年成立的阿薩姆聯合解放陣線（United Liberation Front of Assam, ULFA），以獨立建國為訴求。2005年10月間，印度總理辛格曾與ULFA成員在德里談判，並簽訂一份停火協議，但維持不久即遭破壞；2008～2009年之間印度政府大肆清剿ULFA武裝基地並逮捕多位領袖，ULFA最後宣布放棄追求獨立的主張，並於2011年與中央政府、阿薩姆邦政府簽訂一紙三方協議，停止敵對關係。[8]

長期戰亂讓這些原本富裕的地區基礎建設嚴重落後，結果反而進一步助長分離勢力。例如阿薩姆在獨立初期的人均所得比印度全國平均值還高4%，但到了2004～2005年竟然比全國平均值低31%[9]。綜合而言，東北七邦各民族之間的嫌隙與中央政府長期忽略對此地區的建設使本地區迄今仍然處於政治不穩定的狀態，也進一步削弱中央政府的統治權。

錫金邦

錫金是印度29個邦中面積與人口都最小的（面積為7,000平方公里，人口只有60萬）。此地過去曾是一個獨立的世襲王國，中國稱為哲孟雄，宗教與文化上受西藏影響很深，過去國王即位時還由達賴喇嘛主持加晃儀式。1860年代英國勢力進入，強迫錫金成為其保護國，並在1890年的中英藏印

7　Tanya Datta, "India's Forgotten War," *BBC News* (August 8, 2007), http://news.bbc.co.uk/2/hi/business/6935673.stm.

8　"Centre, Assam sign tripartite agreement with ULFA," *The Hindu* (September 4, 2011), http://www.thehindu.com/todays-paper/centre-assam-sign-tripartite-agreement-with-ulfa/article2423082.ece.

9　Purnima S. Tripathi, "North-eastern dream," *Frontline*, Vol. 25, Issue 12 (June 7-20, 2008), http://www.frontline.in/static/html/fl2512/stories/20080620251203800.htm.

條約獲得中國承認。英國統治時期引進許多尼泊爾勞工進行開發，這個政策逐漸改變了錫金的人口結構，讓尼泊爾人成爲此地的多數，原始住民錫金族（又稱菩提亞人，Bhotiya）反而淪爲少數民族。1947年印度獨立之後，繼承英國在此地的利益，與錫金王國簽訂條約，讓其繼續維持獨立地位，但外交與國防受印度節制。錫金國王扎西南嘉（Tashi Namgyal）一方面推動民主化，但同時也努力維持與印度與西藏（包括後來流亡到印度的西藏流亡政府）的友好關係。但1963年佩登東杜南嘉（Palden Thondup Namgyal）繼承王位之後，王室與國會之間的衝突漸趨激烈。1965年印中軍隊在錫金與中國邊界的卓拉山口開火，雙方互有死傷，印度政府擔心國王倒向中國，遂在1973年以錫金國內動盪爲由，派軍隊接管政府。1975年4月印度讓錫金人民進行公投，結果多數人同意與印度合併，錫金正式成爲印度的一邦，佩登東杜南嘉國王流亡美國。或許因爲當年兼併錫金的政策遭致外界非議，所以印度政府謹愼地保護本地居民的權益：只有錫金居民可以購買本地的房產與汽車，同時也不必繳稅；其他邦的印度公民可以來錫金工作，但其居住與工作權利受到一定的限制[10]。

喀什米爾地位問題

　　喀什米爾問題也是印度中央與地方關係中一個值得關注的案例。1947年印度與巴基斯坦分別獨立之後，人口有四分之三爲穆斯林的喀什米爾統治者哈里辛大君（Maharaja Hari Singh）宣布加入印度，引發兩國之間的戰爭。戰後印度占領喀什米爾東部約三分之二的領土，而西部約三分之一爲巴基斯坦所占有，另外中國則控制該地東部的阿克賽欽（Aksai Chin），約3萬平方公里。印巴之間在1965年又因喀什米爾問題爆發戰爭，1971年及1999年的兩次衝突也與喀什米爾有關（陳牧民，2007：206）。目前印度所控制的喀什米爾地區稱爲查謨喀什米爾邦（Jammu and Kashmir），文化上可以再分爲三個不同的區域：其中位於北部的喀什米爾山谷地區主要居民是伊斯蘭教徒，南方的查謨地區主要是印度教徒，而東邊的拉達克

---

10 陳牧民，〈喜馬拉雅山上的中文系〉，《風傳媒》（2015年9月2日）：http://www.storm.mg/lifestyle/64068。

（Ladakh）則信奉藏傳佛教（Hardgrave and Kochanek, 1993: 161）。由於
文化上的差異，使得北方的穆斯林較傾向接受巴基斯坦，而南方的印度教徒
則希望由印度統治。中央政府爲了懷柔後者，特別在憲法第370條中賦予查
謨—喀什米爾比其他邦更高的自治地位。其中包括：印度國會通過的法律必
須由喀什米爾邦議會通過才能在該邦實行；印度其他邦人民不得在喀什米爾
置產或購買土地。此外喀什米爾邦也是印度唯一擁有自己憲法與旗幟的邦。
不過這些政策並沒有眞的讓喀什米爾穆斯林更願意成爲印度人，反而認爲自
己是生活在被印度占領下的人民。但是近年來越來越多的喀什米爾居民認
爲在印巴兩國水火不容的情形下，獨立或許是更好的選擇。2007年的一份
民意調查顯示在北方喀什米爾山谷地區，將近九成的居民希望喀什米爾獨
立，認同印度的只有百分之七，更只有百分之三的居民希望由巴基斯坦統
治[11]。

中央與地方之衝突

　　語言邦（linguistic states）的設立並不代表中央與地方之間的爭執獲
得完全解決。正如比較政治學者李帕特（Arend Lijphart）所言：印度的聯
邦制從一開始就向中央傾斜，在1960年代之後，由於中央政府進一步推行
中央集權政策，地方政府爲了自保，反而要求更高程度的自治（Lijphart,
2001: 333）。雙方持續產生衝突的原因有以下幾種：
　　第一，當邦與邦之間出現爭議時，憲法規定中央政府必須介入調解，
做法通常是由中央政府設立一個仲裁法庭（tribunal）做出決定。一旦仲
裁法庭的決議不能讓爭端的雙方滿意時，地方往往會質疑中央的立場。這
種情形多次出現在關於河水水權的爭議：由於農業仍是鄉村地區主要的經
濟支柱，灌漑水源的劃分對農業生產有很大的影響，因此各邦對河水水權
的劃分十分在意。例如旁遮普邦就一直與鄰近的哈里亞那邦與拉賈斯坦邦

11　"Majority in Kashmir Valley want independence: poll," *Reuters* (August 13, 2007), http://www.
　　reuters.com/article/worldNews/idUSDEL29179620070813.

（Rajastan）之間有水權爭議。南方泰米爾納度邦（Tamil Nadu）與卡納特卡邦（Karnataka）之間對卡瓦利（Kaveri）河的水權爭議也延續了數十年之久。1991年12月，當仲裁法庭對卡瓦利河水權做出有利於塔米爾納度的一項暫時性判決時，卡納特卡邦政府發起大規模抗議行動，卡納特卡人民還攻擊境內的泰米爾族群，暴動延續達一個月之久。1995至1996年間，因季風雨量不足，卡納特卡邦拒絕釋出原仲裁法庭所決定的水量給坦米爾納德，連最高法院要求其執行的命令也置之不理。總理拉奧（P. V. Narasimha Rao）不得不召集兩邦的領導開會，最後同意讓卡納特卡邦「減量供應」，危機暫時解除[12]。2007年2月仲裁法庭對卡瓦利河水權一事做出判決，結果明顯對泰米爾納度邦有利[13]。

　　第二，因為語言邦的成立，提倡地方語言文化的政黨與組織開始活躍在政治上，改變了中央地方互動的生態。印度的語言十分複雜：被列入憲法第八附表（Eighth Schedule of Constitution）的官方語言（official languages）多達二十二種；使用人口達500萬的非官方語言也有十四種；另外已被辨識出來的方言更有兩千種以上。語言問題是印度民主政治發展過程中最核心、也是最敏感的議題之一，因為許多地方自獨立以來便極力抗拒中央政府將印地語（Hindi）訂為國語的政策，特別是南方使用達羅毗荼語系的省分態度最為激烈。對南方各邦人民而言，屬於印度—雅利安（Indo-Aryan）語系的印地語根本是外國語言（Windmiller, 1954: 292）。印度憲法原本規定印地語將在1961年之後取代英語成為官方語言，但由於南方各邦的強力反對（特別是泰米爾納度地區），因此中央政府在1960年代改採一種「三語方案」（three language formula）：強制所有學校教授英語、該地區主要語言與印地語等三種語言，至於說印地語的地區則教授另一種語言以為平衡。但說印地語的邦拒絕執行此一計畫，而非印地語的邦也未積極推廣印地語的教育，特別是在南方各邦。因此至今英語仍是各邦人民之間溝通的主要語言（Hardgrave and Kochanek, 1993: 146-147）。另一方面，由於母語的推行強

12　Ramaswamy R. Iyer, "The Cauvery Tangle-What is the Way Out?" *Frontline*, Vol. 19, No. 19 (September 14-27, 2002), http://www.hinduonnet.com/fline/fl1919/19190170.htm.

13　"Cauvery Tribunal Verdict: TN Wins over Karnataka," *Daily News and Analysis* (February 5, 2007), http://www.dnaindia.com/report.asp?NewsID=1078085.

化了地方人民的認同感，使得印度每一個邦都出現了倡導本土語言文化、排斥其他民族的政治運動或團體，例如阿薩姆人對來自孟加拉與尼泊爾移民的攻擊、孟買的馬拉地語族群組成的濕婆神軍運動（Shiv Sena）等。

　　第三，由於地方性政黨的出現，印度的政治面貌逐漸發生變化。獨立之後的前十年，沒有一個政黨的力量足以在任何一邦挑戰國大黨的地位（Sathyamurthy, 1997: 239）。但此後國大黨在中央與地方同時執政的盛況已經不再出現，地方型的政黨由於能獲得更多選民的認同，因此在許多邦得以擊敗全國性政黨長期執政，例如泰米爾納度邦的全印度安納達羅毗荼進步聯盟（AIADMK）、旁遮普邦的最高阿卡里黨（Akali Dal），而共產黨也長期在西孟加拉邦執政。這些政黨時常以民意為後盾，向中央政府爭取更多的財源與自主權[14]。目前（2016年）印度的29個邦中，執政的印度人民黨（Bharatiya Janata Party, BJP）只有在8個邦完全執政，另外五個邦是與其他當聯合執政；國大黨也只有在6個邦執政（另外三個邦與其他當合作執政）。一般來說兩大黨的影響力主要在北方；南方的邦多是地方型政黨執政（見第三章）[15]。也由於印度各邦之間的發展程度差異甚大，比較富裕的邦往往拒絕將本身資源上繳中央，而比較貧窮的邦則可能指責中央忽略地方建設，以抗拒執行中央政策，甚至不惜獨立的方式來爭取中央的同情與支援。中央政府對這些訴求並沒有一定的回應方式。有時會採取刻意忽略的政策（例如對阿薩姆的分離運動）；有時會嘗試與地方政黨結盟（例如國大黨讓泰米爾那度邦目前的執政黨DMK加盟聯合政府）；有的時候乾脆遂其所願。2000年，中央政府終於同意讓比哈爾（Bihar）南部的卓塔那普爾（Chota Nagpur）地區成立新的賈坎德（Jharkhand）邦，解決了該地人民近一世紀以來要求脫離比哈爾自治的問題。2014年6月，泰倫加納（Telangana）也從安得拉邦獨立出來，成為印度第29個邦。

14　2004年大選後國大黨聯合其他11個政黨組成聯合進步聯盟（United Progressive Alliance）共同執政，此聯盟並獲得四個左翼聯盟支持。

15　由於國大黨與印度人民黨是目前印度政壇上最具實力的兩個全國性政黨，也有學者認為印度的政黨政治目前正逐漸朝兩黨制趨勢發展。但歷經2014年選舉慘敗，目前國大黨是否能恢復與印度人民黨對抗的實力不無疑問，見本書第二章。（吳得源，2007：106）。

結論

　　印度裔的1998年諾貝爾經濟學獎得主沈恩（Amartya Sen）曾說：作為
世界上最大的民主國家，印度的政治文化有兩大特徵，一是接納多元性，也
就是容許各種信仰與思想並存；二是堅持對話，認為不同思想信仰的擁護
這必須以對話方式交流。他認為這兩項特徵早在16世紀蒙兀兒王朝的統治
者阿克巴大帝在位時便已確立，並在印度獨立後以民主政治的形式保留下來
（沈恩，2008：68）。因此接納多元性是印度政治文化最重要的特徵，但
由於多元性下各地的差異極大，如何有效維持國家統一與正常運作一直是獨
立以來所有領導人的首要任務。首任總理尼赫魯的做法是運用其威望來維持
國家統一，並以民主對話的形式與地方溝通，有時不得不妥協以滿足地方
對自治權的需求。其女兒英迪拉甘地（Indira Gandhi，臺灣一般譯為甘地夫
人）則是一個中央主義者（centralizer），將所有政治資源集中到中央、甚
至到她身上。如此的領導風格卻也激化了地方對中央的反彈，甚至出現像
1984年旁遮普武力衝突的悲劇。在甘地夫人之後的中央領導人，面對地方
對資源與政治權力的要求時多半採取因地制宜的策略，一方面嘗試調節地方
之間的衝突，另一方面對地方釋出部分資源，以維持中央政府的威信。然
而，近年來中央政府治理能力的退化使得地方上的各種政治勢力更傾向採取
抗爭手段對中央施壓。這類抗議的議題五花八門，從阿薩姆地區的尼泊爾裔
族群要求獨立建國到抗議油價攀升都有[16]。此外，抗議手段暴力化的趨勢
也日益明顯。這些抗議運動有時甚至直接衝擊著由兩大黨（印度人民黨或國
大黨）所主導的執政聯盟，也為印度未來民主政治發展投入更多變數。

---

[16] Heather Timmons, "Discontented Indians protest across the country," *International Herald Tribune* (June 29, 2008), http://www.iht.com/articles/2008/06/29/asia/india.php.

前言

從制度設計來看，印度獨立之後採取類似英國的內閣制，總統為虛位元首，實際政治權力掌握在由總理領導的部長會議（即內閣）手中。印度國會分為上下議院，印度所有法案都必須經過兩院同意，兩院都有彈劾總統、宣布緊急狀態、彈劾法官、修憲等權利。所以一般都說兩院都是國家立法機關。上議院（Rajya Sabha）有245席，議員由各邦議會選舉出來，所以是間接選舉。其立法權力僅限於邦與中央關係等事務。下議院（Lok Sabha）共有543席，由選民直接選舉，任期至多五年。下議院的多數黨擁有組閣權，內閣成員由上、下兩院議員兼任，但總理與內閣主要對下議院負責，而且僅有下議院擁有預算審查權，所以下議院的實質權力比上議院大很多。

印度下議院選舉採單一選區制（single-member constituency），也就是將全國劃分為543個選區，平均每一個議員代表150萬選民（Yogendra Malik et al., 2009: 66）。由於選區是依照人口劃分，因此人口較多的邦選出的議員席次就比較多，在全國29個邦（State）與7個聯邦直轄區（Union Territories）中，下議院議員席次最多的是北方邦（Uttar Pradesh）有80席；其次是馬哈拉施特拉邦（Maharashtra）的48席；西孟加拉邦（West Bengal）有42席；南部的泰米爾納度邦（Tamil Nadu）則有39席。比較小的行政區如錫金（Sikkim）和本地治理（Pondicherry）就只有一席。採取單一選區的結果是政黨得票率與獲得的席次之間可能存在很大的差距，大黨可能取得更多的席次紅利。以1984年大選為例，國大黨獲得約50%的選票，但囊括74%的國會席次（Yogendra Malik et al., 2009: 68）。2014年的國會大選，印度人民黨得票率為31%，但最後卻獲得過半的282席（總席次的51%），是歷史上以最少

票數贏得過半席次的政黨[1]。從印度的經驗來看，單一選區制容易讓大黨選舉表現呈現出大好或大壞的局面：只要執政時表現不盡理想，即有可能在下一輪國會選舉中輸給第二大黨。

　　過去國內學者吳得源曾經以國際關係理論中的極化概念來討論印度政黨政治發展，說印度在獨立後從國大黨獨大的「單極」階段逐漸過渡到不穩定的「多極」階段（政黨輪替、聯邦與地方多極化）、再到「兩極化」（國大黨與印度人民黨交替執政）（吳得源，2007：106）。但印度的政黨政治其實更像「世俗主義」與「宗教民族主義」這兩股力量之間的持久對抗。本章將討論印度政黨政治之發展過程，特別是從國大黨發跡到反對黨聯盟崛起，再到最近二十年來兩大黨政治聯盟的形成，最後再進一步討論1990年代之後兩黨交替執政的情況。

國大黨之起源與發展

獨立前的國大黨（1885～1947）

　　印度國民大會黨是在1885年由英國人休姆（A.O. Hume）和一群受英國教育的印度菁英所創立的政黨，至今已有一百三十年的歷史。國大黨創始者的主要信念是代表印度人民向英國政府爭取權益，由於主要領導者都是接受英國律法訓練的印度政治菁英，早期國大黨並不反對英國繼續統治印度，所採取的策略頗為溫和，例如呼籲英國當局提高印度人在立法機關的比例、將公務機關開放給印度人參加等等。由於其多半是以請願方式表達訴求，如同Barbara Metcalf與 Thomas Metcalf所言，早年的國大黨只能算是一個「忠誠的反對黨」，也看不出對日後印度獨立能做出實質貢獻（Barbara and Thomas Metcalf, 2002: 207；吳俊才，2010：243～244）。

　　早年國大黨的政治立場明顯反映在其對於參與第一次世界大戰的態

1　"BJP's 31% lowest vote share of any party to win majority," *Times of India* (May 19, 2014), http://timesofindia.indiatimes.com/news/BJPs-31-lowest-vote-share-of-any-party-to-win-majority/articleshow/35315930.cms.

度：英國在1914年8月向德國宣戰。英國宣稱此舉不僅僅是爲了其歐洲本土，而是包括印度在內的整個大英帝國。當時包括國大黨在內的印度各黨派對於英國宣戰的決定皆表達堅定支持，甚至連穆斯林聯盟也不例外（特別是同爲穆斯林國家的鄂圖曼土耳其帝國參加德奧義陣營，是英國的敵國），這點頗讓英國人感到意外。不過當時國大黨主要目標是希望藉由支持英國換來戰後民族自決（national self-determination）的權利。印度人在這場戰爭中付出極大的代價：總共有100萬以上的印度人被徵召入伍，而印度境內則慘遭穀物歉收及物價飛漲之苦。甫從南非返國的甘地則招募印度人成立救護隊赴歐洲戰場工作（Barbara and Thomas Metcalf, 2002: 237）。

國大黨在第一次世界大戰期間曾兩度與穆斯林聯盟結盟（1915與1916年），稱爲「勒克瑙協定」（Lucknow Pact），聯名要求英國政府開放更多的議會席次讓印度人參選，而英國負責印度事務的大臣蒙特古（Edwin Montagu）在與印度各政黨協調後，於1917年8月宣布殖民政府將在戰後致力轉型爲大英帝國下的「自治政府」，此舉等於將印度放在與澳大利亞、紐西蘭、加拿大、愛爾蘭同等的政治地位。不過戰爭結束後英國爲了控制印度當地的公共秩序並遏制暴力活動蔓延，竟然將戰爭時期的緊急措施直接立法，賦予政府任意逮捕拘禁人民的權力，此舉引發印度各界的強烈抗議。1919年8月13日在旁遮普省的阿姆利則（Amritsar），英國軍官下令對抗議民眾開槍，造成370人死亡，近千人受傷。這場大屠殺徹底改變了印度知識菁英與英國殖民政府的關係，也將國大黨獨立運動帶入新的階段。

這個政黨在甘地（Mohandas Karamchand Gandhi）出現後出現變化。甘地在18歲前往英國修習法律，學成後前往南非發展，迅速成爲當地最有名的印度裔律師。他在1915年從南非回到印度，並在1919年成爲國大黨的領袖後，很成功地將世俗化的國大黨與傳統印度價值結合，創造出以「非暴力」與「不合作」爲主軸的新運動策略。英國講究法治，也將其律法制度加諸在所有殖民地之上，甘地很清楚用暴力方式對付英國，英國就會用司法制度來處理，將獨立運動定位在違反法律的層次，因此必須挑戰英國創造制度的合法性。甘地的策略是非暴力抗爭來建立自身的道德高度，並且以不合作運動來癱瘓英國建立的統治機器，這樣的策略完全擊中大英帝國的要害，最

後英國只好放手讓印度獨立[2]。

　　根據1950年第一次大選之前的統計，國大黨在全印度共有正式黨員117萬，預備黨員2,900萬，勢力龐大（同時期印度共產黨員只有8萬）（吳俊才，2010：575、579）。國大黨的影響力從1946年7～8月舉行的制憲會議（Constituent Assembly）代表選舉可以看得出來：當時國大黨贏得210個一般席次中的199席；此外在少數族群保留席次方面，國大黨也贏得旁遮普地區錫克教徒（Sikhs）4席中的3席，以及爲穆斯林保留之78席中的3席。大概只有在穆斯林族群中國大黨的表現不算理想——主張建立巴基斯坦國的穆斯林聯盟在保留席中得到73席。當然此次選舉不能算是普及選舉，因爲並非所有人都具有投票權（Chandra, M. Mukherjee and A. Mukherjee, 2008: 48）。此外，這場選舉是在印度獨立前夕舉辦，因此也不能算是印度自行主辦的選舉。

　　如同本書導論所言，甘地帶給印度人民最大的政治遺產，是確立印度成爲一個世俗民主國家的路線，作爲甘地主義的繼承人與甘地路線的執行者，印度首任總理尼赫魯與其領導下的國大黨政府繼續堅持世俗主義的立場，一方面是爲了標榜與巴基斯坦不同的建國理念，另一個更重要的原因是只有世俗主義才能將印度境內複雜交錯的種族、宗教及語言族群納入統一的現代國家體系之內。尼赫魯從1929年開始就成爲國大黨主席，獨立後更擔任總理兼外交部長達18年之久（直到1964年去世），在印度政壇上的地位無與倫比，也讓國大黨得以長期在國會選舉中獲得多數席次而單獨執政。尼赫魯領導下的國大黨和過去爭取獨立時期最大的不同，在於對印度的發展方式與國家定位有很明確的主張，簡單來說就是政治上擁抱世俗主義，經濟上發展社會主義式的混合經濟，在外交上堅持反殖民主義與不結盟。這些主張在尼赫魯過世後繼續成爲國大黨的信仰教條，也只有堅持尼赫魯路線的人才能夠在國大黨內取得合法的領導權。

2　關於甘地如何發展出非暴力與不合作等概念，可參考其自傳《我對眞理的實驗：甘地自傳》（Mohandas Karamchand Gandhi, 2014）。

建國初期的國大黨（1947～1967）

　　1947年印度獨立之後，國大黨轉型成為普通政黨，但是在政治上的影響力遠遠高於其他一般的政黨之上，其國會席次也遠遠多於其他政黨。但是因為印度各地政治生態與社會情況非常複雜，國大黨內部逐漸發展出不同的派系，這些派系在國大黨的招牌下彼此競爭政治資源，而國大黨的黨組織也成為整合所有不同政治勢力的平臺。派系化的國大黨是印度獨立後的必然產物，因為作為帶領國家走向獨立的歷史性角色，使得國大黨必須堅持其在國內政治版圖裡最具包容性的立場，並設法納入所有不同的意見。這些派系有時是由個別政治人物發展而成，也有些是地方黨部所形成。另一方面，國大黨在試圖整合內部勢力的同時，也不斷吸納其他社會上的政治反對勢力，這樣的趨勢讓國大黨發展成一個鬆散的政治聯盟（Rajni Kothari, in deSouza and Sridharan, 2006: 60-61）。1960年代研究印度政黨政治的學者甚至用「國大黨體系」（the Congress system）來稱呼這種一黨獨大的執政模式（Rajni Kothari, in deSouza and Sridharan, 2006；Harsgrave and Kochanek, 1993, 225）。

　　國大黨作為爭取印度獨立的主要推手，在政壇上的優勢地位毋庸置疑。1951年底至1952年初舉辦的第一屆國會大選是印度歷史上首次符合真正民主意義的普及選舉，總共有1億7,300萬合格選民擁有投票權，其中絕大多數都是居住在鄉村地區的文盲，而且從來沒有任何投票經驗。這次選舉投票率為46.6%，其中國大黨得到總數489席中的364席（占四分之三），遙遙領先席次第二多的印度共產黨（Communist Party of India），得票率為45%。同時期舉行的邦議會選舉，國大黨也在所有的邦獲勝，得到68.5%的席次。因為按照制度設計，印度在中央與地方都實行內閣制，因此國大黨成為中央和所有邦的執政黨，只有在4個邦是和其他政黨或組成聯合政府（Chandra, M. Mukherjee and A. Mukherjee, 2008: 171-172）。

　　表2-1呈現了第一至六屆國會（下議院）大選國大黨所獲得的席次及得票率，從這裡可以看出國大黨一黨獨大的地位大致維持了二十年，其中第二屆（1957年）與第三屆（1962年）下議院選舉國大黨都獲得過半席次，不過首次在地方失去執政權──1957年印度共產黨（Communist Party of

表2-1　第一至六屆下議院大選國大黨所獲得的席次及得票率

	第一屆 1951-2	第二屆 1957	第三屆 1962	第四屆 1967	第五屆 1971		第六屆 1977
國大黨 席次／ 總席次	364/489	371/489	361/494	283/520	國大黨 英迪拉派 352/518	國大黨 組織派 16/518	國大黨 英迪拉派 153/542
得票率	45%	47.7%	44.7%	40.7%	43.6%	10.4%	34.52%

資料來源：Inter-parliamentary Union Database (PARLINE)（http://www.ipu.org/parline-e/parlinesearch.asp）；Election Mission of India（http://eci.nic.in/eci/eci.html），作者自行製表。

India）在喀拉拉邦（Kerala）勝選並組成政府，這是世界上第一個以民主選舉方式上臺執政的共產黨。在1967年的第四屆下議院選舉中，雖然國大黨仍然保住過半數席次（283席），但是得票率已經下降很多。這些國大黨失去的選票轉向新出現的地方性或宗教性政黨，例如泰米爾納度邦的「達羅毗荼進步聯盟」（Dravida Munnetra Kazhagam, DMK）、「印度人民同盟（Bharatiya Jana Sangh, BJS）、以及旁遮普邦的錫克教組織「最高阿卡里黨」（Akali Dal），同時國大黨也失去了在比哈爾（Bihar）、北方邦（Uttar Pradesh）、旁遮普（Punjab）等8個邦議會的多數席次，淪爲在野黨[3]。

國大黨體系的崩解與多黨執政聯盟的出現

國大黨體系之崩解（1967～1977）

　　國大黨作爲整合國內不同勢力的執政方式最終還是因爲各派系之間的歧見過大而失敗。從1967到1977的十年內，國大黨體系逐漸陷入崩解，在半數的邦失去執政地位。這樣的發展在一定程度上與總理尼赫魯驟逝有關：

3　印度人民同盟成立於1951年，提倡印度教民族主義，後來在1977年與其他政黨結合爲人民黨（Janata Party），後者爲今日印度人民黨（Bharatiya Janata Party, BJP）之前身。因此可略將這三個政黨之活躍時間定爲：印度人民同盟1951～1977；人民黨1977～1980；印度人民黨：1980迄今。

尼赫魯在1964年5月去世時，黨內對於由誰來繼任總理產生不同的聲音。夏斯特里（Lal Bahadur Shastri）在各派系同意下出任總理，不過一年半後就在印巴戰爭後突然去世。此時黨內另一位資深領袖德賽（Morarji Desai）爭取成為總理，但卻在黨內各秘密投票中以169票對335票敗給尼赫魯的女兒英迪拉甘地（Indira Gandhi）。後者出任總理，與德賽及其他國大黨大老之間的關係開始出現裂痕。英迪拉不願意聽從德賽及卡拉馬吉（Kamaraj）等國大黨元老的擺布，而後者則亟欲奪回總理大位，兩派嫌隙加深。不過導致雙方衝突激化還有另外兩個原因：一是1967年國大黨選舉表現不如預期——只贏得520席中的284席（見表3-1）。黨內許多人認為英迪拉必須對此負責；其次是英迪拉在選後採取了激進的經濟國有化政策及土地改革，此舉遭到黨內許多領袖反對（Hardgrave and Kochanek, 1993: 236; Mukherjee and A. Mukherjee, 2008: 287）。

　　1969年11月，國大黨元老宣布開除英迪拉的黨籍，後者索性另起爐灶，建立新的國大黨，此後國大黨內分裂為兩派，一派稱為老國大黨，或是「組織派」INC（Organization），另一派為英迪拉所領導的新國大黨，或稱「改革派」（INC(R)），也稱之為「英迪拉派」（INC(I)），此派取得多數原國大黨領袖的支持。1971年英迪拉所率領的新國大黨贏得國會大選（原來的國大黨組織派從此沒落），但她並沒有辦法實質解決國內的諸多經濟與政治問題。1975年6月，英迪拉宣布國家進入緊急狀態，終止憲政程序，以「獨裁」的方式執政達一年半之久[4]。1977年3月印度重新舉行國會下議院選舉，反對黨「人民黨」（Janata Party）及其友黨獲得國會542席中的330席，英迪拉承認敗選下臺，國大黨連續執政30年暫時劃下句點（Hardgrave and Kochanek, 1993: 251; Chandra, M. Mukherjee and A. Mukherjee, 2008: 286-287）。

4　英迪拉宣布緊急狀態的主要原因是當年（1975）印度法院宣布英迪拉的國會議員席位因選舉舞弊而當選無效，此時國大黨在古吉拉特地方選舉又大敗，各地開始出現要求總理英迪拉下臺的運動。政府因此宣布依照憲法352條規定全國進入緊急狀態，反對黨領袖悉數遭到逮捕拘禁。總共在二十一個月的緊急狀態期間，共有11萬人遭到逮捕，26個政治組織遭查禁（Hardgrave and Kochanek, 1993: 246）。

國大黨重新奪回執政權（1980～1996）

　　人民黨政府是印度獨立後首次出現國大黨之外政黨所組成的政府，其之所以能在1977年勝選，靠的是所有反對英迪拉的政黨與政治勢力共同結盟，當然也包括原來國大黨的部分領袖在內。人民黨政府所推出的總理德賽本來就是國大黨大老，就任時已經高達81歲，聯盟內包括8個不同的政黨，可見其基礎十分脆弱。因此人民黨的勝利只持續了短短三年，在1980年的國會選舉中英迪拉領導的國大黨再度贏得國會多數（529席中的353席），她也重新當上總理。國大黨英迪拉派在選前組織了一個跨黨派聯盟，納入「達羅毗荼進步聯盟」（DMK）等4個小型地方或宗教性政黨，這使得勝選後的英迪拉政府開始有聯合內閣的形式。而人民黨雖然也組成了一個政黨聯盟應戰，但是只得到34席（其中人民黨得到31席）。

　　1980年的國會大選讓英迪拉甘地與國大黨重新取得執政權，不過到1984年10月31日，英迪拉遭到兩位錫克教侍衛暗殺身亡。當晚國大黨立刻推舉她的次子拉吉夫甘地（Rajiv Gandhi）繼任總理，正式開啓了拉吉夫時代（Chandra, M. Mukherjee and A. Mukherjee, 2008: 347）。當年12月，國大黨決定提前舉行國會大選，由於英迪拉遭暗殺引發的悲憤情緒，讓國大黨贏得建國以來最大的勝利，總共囊括543席中的404席，拉吉夫續任總理直到1989年任期結束。

　　1989年11月的下議院選舉，當時沒有一個政黨獲得半數以上席次，國大黨雖然獲得最多席次（197席），但無意組閣，最後由人民黨（新）（Jatana Dal）等5個反對黨組成「國家陣線」（National Front）少數政府[5]。在這個聯合內閣中，除了人民黨（新）與國大黨（社會主義派）兩個全國性政黨之外，其他三個政黨都是地方性：泰米爾納度邦的「達羅毗荼進步聯盟」（DMK）、安得拉邦（Andhra）的泰盧固之鄉黨（Telugu Desam Party）、以及來自阿薩姆（Assam）的阿薩姆人民協會黨（Asom Gana Parishad）[6]。但在1991年5月22日，當拉吉夫甘地代表國大黨在泰米

5　人民黨（新）（Janata Dal）是在1988年由部分原來人民黨（Janata Party）派系分裂出來的政黨，成立於1988年。因為二者中文翻譯皆爲「人民黨」，本文爲做區隔，將Janata Dal譯爲「人民黨（新）」。

6　國大黨（社會主義派）是1978年從國大黨分裂出來的政黨，領導人爲卡納特卡邦政治人物D.

爾納度邦進行競選活動時，遭到斯里蘭卡分離組織泰米爾之虎（Liberation Tigers of Tamil Eelam, LTTE）派遣的自殺炸彈客暗殺身亡，政府緊急宣布選舉暫緩，到6月中旬才恢復舉行。受到此事件影響，國大黨在本次選舉席次大幅增加，共獲得244席。雖然並未過半，但仍然是國會最大黨，故由部分地方政黨支持組成新政府，由拉奧（Narasimha Rao）出任總理（Chandra, M. Mukherjee and A. Mukherjee, 2008: 369; Malik et al. 2009: 97）。此後五年國大黨逐漸擴大其結盟範圍，最後成為穩定多數，並完成五年任期。拉奧是印度建國以來第一位由南方出身的政治人物擔任總理（他來自安得拉邦），但他對國大黨最大的貢獻是重新恢復黨內民主的機制，並且啓動了自由化為目的的經濟改革，讓印度從過去的統治型經濟制度逐漸轉化為市場經濟體制。

印度人民黨之興起與發展

印度教民族主義與印度政治

在所有曾經挑戰國大黨與尼赫魯家族的政治勢力當中，印度人民黨是一個非常特殊、也是非常成功的案例。印度人民黨是在1980年才正式成立的政黨，比國大黨幾乎晚了一個世紀之久，不過卻能在短短十六年內成為國會最大黨，並在1998年取得執政權。不過如果真的要探究印度人民黨的崛起，就必須瞭解為什麼印度教民族主義會發展成為獨立後印度政治上一股非常強大的力量，以及印度人民黨如何運用這樣的力量來壯大自己的實力。

印度教是世界第三大宗教，全世界信徒人數大約在8至10億之間。印度教其實是一個融合神學、哲學以及生活方式的綜合體，內部不同教派之間也存在很大的差異，不過都奉三千多年前撰寫的《吠陀經》為經典教義。在歐洲人來到印度之前，印度教並不被視為一個單一宗教，幾千年來印度人一直用自己的方式敬拜神祇，但當英國人接觸到印度人的宗教信仰之後，才將其

Devaraj Urs。該黨在1986年重新加入國大黨。

冠上印度教的名稱。19世紀末到20世紀初，印度教徒在歐洲殖民及外來基督教的刺激下，發展出一連串宗教復興的運動，希望用新的方式來詮釋印度的獨特性。這種印度教特性（Hindutva）不僅是信徒建立自我身份認同的方式，也是印度人爭取政治獨立、建立新國家背後的一股強大支撐力。因此印度如果作為一個「國家」而不是「文明」在世界舞臺上出現，這個國家就必須展現其宗教、民族與文化的整體性，這也就是為什麼在印度正式獨立前，一些以提倡印度本土宗教精神、抗拒伊斯蘭教與基督教力量、反對西式生活與文化為目的的組織就已經先後出現。這些組織中最有名的包括1907年成立的「印度教大齋會」（Hindu Mahasabha），以及建立於1925年的「國民志願者聯盟」（Rashtriya Swayamsevak Sangh, RSS）（藍筱涵，2013：78-92）。1948年暗殺甘地的兇手高德西（Nathuram Godse）本身就是一位狂熱的印度教民族主義者，同時也是印度教大齋會及國民志願者聯盟的成員。上節所提及的「印度人民同盟」其實就是「國民志願者聯盟」所支持的政黨。

印度人民黨的成立

　　印度人民黨的成立始於人民黨的分裂。1980年人民黨在大選中失敗後，該黨全國執委會下令不准黨員同時參加「國民志願者聯盟」，導致具有「國民志願者聯盟」身分的黨員決定出走，另外成立印度人民黨，原來印度人民同盟的領導人瓦杰帕伊（A. B. Vajpayee）擔任首任黨主席，因此可說這個黨是由「國民志願者聯盟」所成立的政黨組織（藍筱涵，2013：101）。

　　剛開始印度人民黨的發展並不被看好，但是其影響力卻因1990年代初期開始的阿瑜陀（Ayodha）衝突事件而逐漸增加。阿瑜陀位於北方邦，該地有一座三百五十餘年歷史的巴布里清真寺（Babri Mosque），許多印度教徒認為這座清真寺是蓋在印度教「傳說」中英雄「羅摩」王子（Lord Rama）的出生地上，因此號召信徒在該地重建聖殿。為了號召印度教徒共同參與這個活動，印度人民黨在1990年9月將一輛豐田牌卡車打扮成羅摩王子的戰車模樣，讓六十多歲高齡的黨主席阿德瓦尼（A.K. Advani）親自站在車上巡迴整個北印度遊行演講。這輛「戰車」所到之處萬人空巷、風靡一

時，直到最後抵達目的地阿瑜陀之前才被當地省長阻攔下來[7]。到了1992年12月6日，20萬狂熱的印度教徒竟以徒手的方式將巴布里清眞寺予以拆毀，此一事件引發印度教徒與穆斯林之間大規模的流血衝突，二千餘人死亡。至今印度人民黨與「國民志願者聯盟」在此一衝突所扮演的角色仍然不明朗，沒有直接證據證明拆毀巴布里清眞寺的行動是由這兩個組織「策劃」，不過可以確定的是，此一事件讓印度人民黨在日後的全國選舉逐漸勝出：該黨在下議院的席次從1989年的89席竄升到1991年的120席，1996年更增加到161席，一舉成爲國會最大黨。

　　1996年大選結果出現僵局國會（Hung Parliament），也就是沒有一個政黨取得絕對多數：國大黨只得到140席，而得到161席成爲國會最大黨的印度人民黨領袖瓦杰帕伊則取得組閣權。但是因爲瓦杰帕伊無法取得到其他政黨支持，兩週後宣布辭職。國大黨聯合印度共產黨等其他政黨支持國家陣線組閣。在往後兩年中，國大黨先後支持高德瓦（H. D. Godwa）與古吉拉（I. K. Gujral）出任總理，讓自己成爲少數政府裡的關鍵力量，1998年1月國大黨退出內閣，國家陣線政府立刻宣告垮臺，重新選舉。當年2月大選結果，由印度人民黨組成的全國民主聯盟（National Democratic Alliance）取得過半數席次（254席），正式上臺執政。第二年（1999）9月總理瓦杰帕伊宣布解散國會重新選舉，結果印度人民黨席次略微增加，達270席（國大黨聯盟只獲得156席）。在擁有國會半數席次的情況下，瓦杰帕伊完成五年任期。也就在1998年之後，印度的政治版圖確立了兩大黨競爭的模式，即國大黨與印度人民黨兩大政黨分別取得國會裡較多的席次，並且聯合其他小黨組成政黨聯盟彼此對抗。過去在印度政治發展中出現過的其他政黨或聯盟，如人民黨或國家陣線，再也無法獲得能與兩大黨抗衡的地位。

7　關於這個事件的報道及其影響，請見："1990-L.K. Advani's rath yatra: Chariot of fire," *India Today* (December 24, 2009), http://indiatoday.intoday.in/story/1990-L.K.+Advani's+rath+yatra:+Chariot+of+fire/1/76389.html。

兩黨交替執政模式之形成

全國進步聯盟執政時期（2004～2014）

　　國大黨在2004年國會大選中組成跨黨派「聯合進步聯盟」（United Progressive Alliance），與執政的印度人民黨對決。大選結果以總席次218席成為下議院中最大的政黨聯盟，因此獲得組閣權，由辛格（Manmohan Singh）出任總理，而拉吉夫甘地遺孀、義大利籍的索妮亞（Sonia Gandhi）擔任聯合進步聯盟主席。聯合進步聯盟雖然在國會中席次未達半數，但獲得印度共產黨等左派政黨的支持，因此得以順利執政。此後印共因為反對印美核子協定而退出國大黨，但國大黨仍能說服其他小型政黨加入，使得聯合進步聯盟內閣得以做完五年任期，並在2009年的大選中，獲得543席中的261席。雖然席次未過半，但瓦杰帕伊領導的印度人民黨只獲得157席，因此還是由辛格續任總理。

　　進入第二任期的國大黨施政績效並不算好：印度經濟成長率從2008年前的8%降到2013年的4.9%，國內通貨膨脹嚴重、盧比（印度貨幣）不斷貶值，傲視全球的「金磚」早已褪色。但對國大黨最大的致命傷是其領導階層的家族化傾向。如前所述，甘地、尼赫魯等早年國大黨領袖對於該黨的政治路線有著相當巨大的影響。直到今日，國大黨在印度的政治光譜上仍然是世俗主義、社會主義、以及獨立自主外交政策的重要代言人。國大黨領袖們在宣揚自身對印度民主的貢獻時，仍然將尼赫魯及其政治主張當成主要的信仰對象。尼赫魯在世的時候或許沒有意識到他已經把這個政黨改造成一個完全遵從他政治理念的政黨，但是當其女兒英迪拉在1967年成為國大黨領袖之後，這個政黨的確變成甘地－尼赫魯家族獨門掌控的政治事業。之後的三十年間，英迪拉和他的兒子拉吉夫、媳婦索妮亞相繼成為國大黨主席，英迪拉及拉吉夫也都當過總理。索妮亞自2010年以來擔任「聯合進步聯盟」主席，她的次子拉胡爾（Rahul Gandhi）自2004年後就擔任下議院議員至今，並兼任國大黨副主席；另一個女兒普里揚卡（Priyanka）也積極參與黨務，整個國大黨走向「家族化」的態勢越來越明顯。

　　2012至2013年間，印度共有16個邦級行政區進行議會選舉，這些選舉

皆被視為2014年大選的前哨戰，但國大黨在幾個具有指標意義的地方表現並不算好，特別是首都德里（提名70席只得8席）、中央邦（總席次230中只得58席，較上次減少23席）、北方邦（總席次403席中得到28席，在所有參選政黨中只排第四）。這對於擁有優勢行政資源的執政黨來說並不算好。2014年選舉慘敗已經有跡可循。

莫迪旋風與2014年大選

　　2014年4月，印度進行第十六屆下議院選舉，這是印度歷史上最長、也是規模最大的國會選舉：8億5,000萬合格選民在5個星期的投票過程中選出543席下屆下議院議員。國大黨推舉索妮亞的兒子拉胡爾為總理候選人，對抗由反對黨印度人民黨所推出的古吉拉特省省長莫迪（Narendra Modi）。在選舉期間，國大黨自恃手上擁有許多執政資源，繼續用傳統的方式進行選舉動員。甚至有國大黨領袖嘲諷莫迪，說他永遠都當不了總理，不過如果他願意，可以安排一個地方讓他賣奶茶（莫迪小時候曾經幫父親在火車站賣茶）。[8]而印度人民黨先是推出治理地方績效卓著的莫迪為總理人選，以「政績」和「效率」來吸引選民；另一方面全力攻擊國大黨處理經濟議題的無能。投票結果在5月16日揭曉：印度人民黨贏得過去三十年來單一政黨所得到的最多國會席次（282席），加上友黨更是高達336席；而國大黨及其友黨的席次大幅下跌四分之三，不僅失掉政權，國大黨本身席次數更從上屆的206席驟降至44席，實為其建黨以來最大的選舉挫敗。新任總理莫迪於5月26日宣誓就職，正式開啟印度人民黨執政時代。

兩黨政治形成的因素

　　內閣制對印度政治發展最大的影響是政黨聯盟的出現。如上節所述，1970年代國大黨在全國廣泛的影響力逐漸式微之後，逐漸發展出與小黨結

8　"Shocker: Narendra Modi can never be PM, can sell tea at AICC meet stall," says Manishankar Aiyar, *Financial Times* (India) (January 17, 2014), http://archive.financialexpress.com/news/shocker-narendra-modi-can-never-be-pm-can-sell-tea-at-aicc-meet-stall-says-manishankar-aiyar/1218964.

盟以增加國會席次的策略，從選舉期間的策略性結盟到正式政黨聯盟的出現大概經過二十年的時間，國大黨更是到2004年才正式組成全國進步聯盟。有部分地方小黨會固定與國大黨合作，例如馬哈拉施特拉邦的國民大會黨（Nationalist Congress Party），但更多的地方性政黨選擇遊走兩大黨之間，以獲得更多利益，例如泰米爾納度邦的達羅毗荼進步聯盟（DMK）。當然印度人民黨也發展出同樣模式，組成全國民主聯盟，這使得印度的政黨政治在過去十年來發展出類似兩黨制的特徵。簡言之，內閣制未能保障國大黨在政治上的優勢地位，但卻能讓其在失去國會多數後以政黨聯盟的形式重回執政。（表2-2）

　　另外根據憲法，印度是一聯邦制國家，各邦之最高首長為邦長（Governor），由總統徵詢邦內閣後任命。雖然邦長具有廣泛的權力，但是在實際運作上邦長僅是聯邦政府的代表，地位類似於內閣制國家的虛位元首。各邦的實際政務由首席部長（Chief Minister）領導的部長會議所掌握，其地位相當於中央政府裡的總理與內閣，對邦議會（Legislative Assembly, Vidhan Sabha）負責。聯邦制設計對於多元複雜的印度社會實屬必要，但是其結果就是地方性政黨的崛起，取代國大黨成為邦內的執政黨。1970年代之後，在南部的泰米爾、安得拉、喀拉拉邦，以及東部的西孟加拉等地，國

表2-2　1996年迄今歷屆國會大選國大黨與印度人民黨席次變化與得票率（總席次543席）

年　　　　黨	1996	1998	1999	2004	2009	2014
國大黨	140	141	114	138	206	44
國大黨聯盟a.	239	144	156	218	262	60
聯盟得票率	28.8%	26.4%	28.3%	35.4%	37.2%	19.3%
印度人民黨	161	182	182	145	116	282
印度人民黨聯盟b.	187	254	270	181	159	336
聯盟得票率	28.3%	46.6%	37.0%	33.3%	24.6%	38.5%

註：a. 此部分數字為國大黨與其友黨席次之總和，2004年之後正式成為聯合進步聯盟。

　　　b. 此部分為印度人民黨與其友黨席次之總和，1999年之後正式組成全國民主聯盟。

資料來源：Inter-parliamentary Union Database (PARLINE)（http://www.ipu.org/parline-e/parlinesearch.asp）；Election Mission of India（http://eci.nic.in/eci/eci.html），作者自行製表。

大黨相繼爲在野黨，從此再也無法重新取得執政權。而這些地方的國大黨領袖有時也會出走另組政黨，例如由Mamata Banerjee所領導的國大黨西孟加拉黨部就在1998年宣布另組「草根國大黨」（Trinamool Congress）。從分權制度的角度來看，聯邦制對於大黨較爲不利，也是國大黨及印度人民黨的影響力無法擴及全國的主要原因。關於兩大政黨與地方小黨之間如何結盟，將在下一（三）章詳細說明。

結論

　　對當代政治學者而言，印度是一個讓人感到困惑的地方：民主理論假設一個國家要出現眞正的民主體制，得先要有穩定的經濟與社會條件爲基礎。當經濟發展到一定的程度，才能產生足夠數量的中產階級來參與及監督政治，也才會促使執政者進行民主試驗。當民主制度確立之後，其分權制衡與政黨交替執政的設計將監督執政者及政府官員的行爲，讓資源獲得更合理、公平的分配。換言之，只有民主才能有效遏制貪污腐敗的現象。

　　不過印度的情況幾乎與以上這些民主理論的假設相反。這個國家自1947年獨立以來多數時間人民都很窮，文盲比例也很高，卻一直能維持民主的政治體制，選舉產生的政黨輪替也都大致順利，從未出現政變或軍人獨裁的情況。從政黨政治的角度來看，印度自獨立以來，一直在國大黨所標榜的世俗主義與印度人民黨所倡導的宗教民族主義之間搖擺，民主的政治制度則提供了這兩股力量相互角力的最佳場域。印度人民黨的快速崛起與執政，與其說是印度政治發展史上的異數，不如說是印度教民族主義力量對抗尼赫魯家族掌控下的國大黨世俗主義之必然結果。

　　國大黨雖然敗選下臺，但是其主導的聯合進步聯盟目前仍然在上議院擁有66席，執政的全國民主聯盟則爲71席（2016年8月數字），因此並不會像過去兩個人民黨（Janata Party及Janata Dal）或國家陣線一樣從此一蹶不振。不過該黨最大的問題在於其行政資源仍然掌握在甘地（尼赫魯）家族手裡，索妮亞仍然擔任國大黨主席，兼任聯合進步聯盟主席，並以下議院議員

身份擔任國大黨在下議院黨鞭；其子拉胡爾也仍然擔任黨的副主席兼秘書長與青年部主任。[9]

　　莫迪領導下的印度人民黨政府雖然全力振興經濟、歡迎外國投資，但是政策上仍然高倡「印度教徒特性」，包括支持在阿瑜陀重建羅摩王聖殿，反對來自孟加拉的穆斯林移民，而莫迪本身也是「國民志願者聯盟」的成員。只要有任何意外，過去印度教徒與穆斯林之間的衝突隨時有再度引爆的可能。伴隨著混亂與暴力的民主其實也是印度政黨政治一直揮之不去的陰影。

9　"Despite the electoral duds, Congress says its future is in Rahul's hand," *Times of India* (October 21, 2014), http://timesofindia.indiatimes.com/india/Despite-the-electoral-duds-Congress-says-its-future-is-in-Rahuls-hand/articleshow/44893593.cms.

前言

　　印度國會裡除了印度人民黨與國大黨之外，幾乎沒有其他政黨可稱為「全國性」。這主要是因為選民會根據其宗教、種姓、地方認同、甚至個人崇拜等不同因素來投票，因此在其政治版圖上會看到因種姓、宗教、語言、意識型態、甚至個人魅力所組成的各類政黨，非常多元。根據印度中選會在2014年選舉前公布的資料，能夠被稱作「全國性」的政黨只有6個，「地方性政黨」（state parties）則有23個[2]。在2014年4～5月的下議院議員選舉中，「印度人民黨」獲得壓倒性勝利，贏得過半數的282席，而原本的執政黨「國大黨」席次則從上屆的206席驟降至44席，幾乎淪為小黨。不過這次選舉結果更讓人注意的是其他幾個地方性政黨的表現：南部泰米爾納度邦的「全印安納達羅毗荼進步聯盟」（All India Anna Dravida Munnetra Kazhagam）贏了37席，而該邦的國會下議院議員總席次為39席[3]；在西孟加拉邦，「全印草根國大黨」（All India Trinamool Congress）也獨得了34席[4]；奧里薩邦的「比朱人民黨」（Biju Janata Dal）更取得該邦21席議員中的20席[5]。從選舉結果來看，這些地方政黨的表現甚至比其他全國性政黨還好，其存在對印度民主政治發展具有一定的影響。

---

1 本章內容最早發表於政治大學國關中心主辦之「2014印度大選研討會」，2014年9月26日，後經多次增補修正而成，部分內曾發表於「南亞觀察網站」。

2 "Notification," *Election Commission of India* (March 10, 2014), http://eci.nic.in/eci_main/ElectoralLaws/OrdersNotifications/year2014/EnglishNotification_12032014.pdf.

3 另外兩席分別由印度人民黨與Pattali Makkal Katchi（PMK，一個泰米爾地方小黨）獲得。

4 西孟加拉邦在下議院的總席次為42席，此次（2014）選舉其他政黨獲得席次情形為：共產黨2席，印度人民黨2席，國大黨4席，以實力來說完全不是全印草根國大黨的對手。

5 剩下一席由印度人民黨獲得。

　　在上一（二）章曾經提到，帶領印度走向獨立的國大黨在1947年後轉型成爲普通政黨，並發展成一個整合所有不同政治勢力的平臺，類似鬆散的政治聯盟（Kothari, 2006: 60-61）。不過這個體系在1967年之後逐漸崩解，國大黨在多數選區已經無法獲得多數選票，這些國大黨失去的選票轉向新出現的地方性或宗教性政黨。1977年的下議院選舉時，「人民黨」（Janata Dal）及其友黨獲得過半數席次，終結國大黨連續30年的執政，從此地方性政黨正式進入印度中央政治版圖，不再是只單純扮演反對黨的角色，而是參加由大黨組成的執政聯盟（Hardgrave and Kochanek, 1993: 251）。1990年代之後，印度政治走向大致上是「國大黨」與「印度人民黨」這兩個全國性政黨彼此競爭的局面，但是因爲二者都沒有能力獨自贏得國會的多數席次，因此必須組成政黨聯盟來維持國會多數。至今許多地方性政黨仍然選擇與兩大黨結盟，但也有些地方黨不參加任何一方，在大選中保持獨立。爲何印度會走向全國性政黨屈指可數，但地方性政黨林立的情況？而這些政黨如何影響印度的政治發展？本章將嘗試對這些問題提出解答。以下將介紹各地方政黨的情況，這裡將依照政黨的特性選擇數個案例來說明；其次將介紹印度共產黨（Communist Party of India）如何在印度放棄武裝暴力路線，成爲走議會選舉路線、並在特定地區成爲地方性政黨。最後一節將進一步分析地方性政黨與全國性政黨的關係。

印度地方性政黨介紹

　　2014年的十六屆下議院選舉全印度共有79個政黨推出候選人參選，但最後只有35個政黨得到席次（見表3-1）[6]。在這些政黨中，中央選舉委員會（Election Commission of India）所承認的6個全國性政黨有5個得到席次，因此所有其他30個政黨都是地方性的。表3-2進一步列舉了12個印度主要政黨在近三屆（2004、2009、2014）下議院選舉的席次狀況。以下將以

6　本文所引用之印度各級選舉席次資料均來自印度中央選舉委員會網站：Election Commission of India, http://eci.nic.in.

本表所列舉的名單為基礎，分別說明部分地方性政黨的背景與概況。

表3-1　2014年印度大選各政黨得票席次

編　號	黨　名	席　次
1	印度人民黨〔Bharatiya Janata Party〕	282
2	印度共產黨〔Communist Party of India〕	1
3	印度共產黨（馬克思主義）〔Communist Party of India (Marxist)〕	9
4	印度國大黨〔Indian National Congress〕	44
5	國民大會黨〔Nationalist Congress Party〕	6
6	小老百姓黨〔Aam Aadmi Party〕	4
7	全印安納達羅毗荼進步聯盟 〔All India Anna Dravida Munnetra Kazhagam〕	37
8	全印國大黨〔All India N. R. Congress〕	1
9	全印草根國大黨〔All India Trinamool Congress〕	34
10	全印聯合民主陣線〔All India United Democratic Front〕	3
11	比朱人民黨〔Biju Janata Dal〕	20
12	印度全國民眾黨〔Indian National Lok Dal〕	2
13	印度聯合穆斯林聯盟〔Indian Union Muslim League〕	2
14	查謨喀什米爾人民民主黨 〔Jammu & Kashmir Peoples Democratic Party〕	3
15	人民黨（世俗）〔Janata Dal (Secular)〕	2
16	人民黨（聯合）〔Janata Dal (United)〕	2
17	賈坎德自由陣線〔Jharkhand Mukti Morcha〕	2
18	喀拉拉大會黨〔Kerala Congress (M)〕	1
19	人民力量黨〔Lok Jan Shakti Party〕	6
20	納加人民陣線〔Naga Peoples Front〕	1
21	國家人民黨〔National Peoples Party〕	1
22	芒果黨〔Pattali Makkal Katchl〕	1
23	全國人民黨〔Rashtriya Janata Dal〕	4
24	革命社會黨〔Revolutionary Socialist Party〕	1

表3-1　2014年印度大選各政黨得票席次（續）

編　號	黨　名	席　次
25	社會民主黨〔Samajwadi Party〕	5
26	最高阿卡里黨〔Shiromani Akali Dal〕	4
27	濕婆神軍黨〔Shivsena〕	18
28	錫金民主陣線〔Sikkim Democratic Front〕	1
29	泰倫加納民族黨〔Telangana Rashtra Samithi〕	11
30	泰盧固之鄉黨〔Telugu Desam〕	16
31	全印穆斯林聯合委員會〔All India Majlis-E-Ittehadul Muslimeen〕	1
32	阿波納黨〔Apna Dal〕	2
33	全國人民平等黨〔Rashtriya Lok Samta Party〕	3
34	自尊黨〔Swabhimani Paksha〕	1
35	青年、勞工、農民大會黨〔Yuvajane Sramika Rythu Congress Party〕	9
36	獨立黨〔Independent〕	3
Total		543

資料來源：印度中央選舉委員會網站，http://eciresults.ap.nic.in。

表3-2　近三屆印度下議院大選各黨席次表

政黨 ＼ 席次	下議院選舉席次			屬性
	2004	2009	2014	
印度人民黨 BJP	138	116	282	全國性
國大黨 INC	145	206	44	全國性
全印安納達羅毗荼進步聯盟 AIADMK	0	9	37	泰米爾納度邦地方黨
草根國大黨 AITMC	1	19	34	西孟加拉邦地方黨
比朱人民黨 BJD	11	14	20	奧里薩邦地方黨

表3-2　近三屆印度下議院大選各黨席次表（續）

政黨 \ 席次	下議院選舉席次			屬性
	2004	2009	2014	
濕婆神軍黨 Shiv Sena	12	11	18	馬哈拉施特拉地方黨
泰盧固之鄉黨 TDP	5	6	16	安得拉邦地方黨
印共（馬） CPI (M)	43	16	9	全國性（但影響力 僅限於部分地區）
社會黨Samajwadi Party	36	23	4	北方邦地方黨
最高阿卡里黨 SAD	8	4	4	旁遮普邦地方黨
小老百姓黨 AAP	N/A	N/A	4	地方性（影響力限 於德里及北印度）
大眾社會黨 BSP	19	21	0	全國性（但以北方邦 為基礎）

資料來源：印度中央選舉委員會網站，http://eciresults.ap.nic.in，作者自行製表。

泰米爾納度邦的地方認同型政黨：達羅毗荼進步聯盟與全印安納達羅毗荼進步聯盟

　　「達羅毗荼進步聯盟」（Dravida Munnetra Kazhagam, DMK）是C. N. Annadurai在1949年所創立的政黨，其立場爲反婆羅門種姓（Brahmins）、反雅利安人（Aryans），以及反對由北印度主導南印度的政治發展，並主張保障所有南印度人—也就是達羅毗荼人（Dravidas）的權益。雖然同樣是印度教文明圈的範圍內，但泰米爾等南印度各邦在歷史上從來沒有與北印度統一成爲一個國家。泰米爾歷史上曾經出現過強大的朱羅王朝（Chola Dynasty，也稱爲注輦王朝，公元1至11世紀），統治整個南印度到斯里蘭卡、馬爾地夫等廣大地域。當現代印度政治中心落在北印度的德里，而政

治權力逐漸由被北印度人（以及雅利安人）所主導，南印度人的不滿可以想見。該黨創始人Annadurai以及其他領導人如M. G. Ramanchandran等人成功地利用泰米爾語戲劇和電影提倡泰米爾人的認同，很快成為泰米爾納度邦的主要政黨。當時這個政黨甚至主張由南方四邦（泰米爾、喀拉拉、塔納卡克、安得拉）建立一個獨立的「達羅毗荼國」（Dravida Nadu），不過在1962年之後改變立場，改為提倡泰米爾自治權。1971年選舉期間，該聯盟與英迪拉甘地領導下的國大黨合作，支持後者在9個選區的國會議員席次，國大黨則同意放棄角逐所有邦議會的議員，結果DMK一舉獲得234席議員中的183席，成為泰米爾納度邦最大的政黨（Chandra, Mukherjee, and Mukherjee, 2008: 395）。1972年間，該聯盟領導人M. G. Ramanchandran與黨內其他領導人不合，因而另外成立「全印安納達羅毗荼進步聯盟」（All India Anna Dravida Munnetra Kazhagam, AIADMK），其中的「安納」（Anna）一字是為了紀念該黨的創始人Annadurai[7]。從此泰米爾納度邦走入兩黨競爭並且交替執政的模式，只是兩個政黨都以維護「達羅毗荼人利益」為口號，一般DMK習慣與國大黨結盟，而AIADMK則選擇參加印度人民黨的政黨聯盟「全國民主聯盟」[8]。

　　AIADMK是目前泰米爾納度邦的執政黨，擁有邦議會234席中的152席。從1989年至今，該黨一直是由賈雅拉麗塔（Jayalalithaa）女士所領導，她同時也是泰米爾納度邦的邦長。賈雅拉麗塔在泰米爾納度邦擁有至高無上的地位，選民甚至以「母親」（amma）來稱呼她，市面上仍可買到她年輕時當電影明星的照片，還有人把她的畫像做成紗麗來穿。在2014年下議院選舉中，她改變立場不參加印度人民黨的聯盟，最後竟然囊括該邦39席議員中的37席。但賈雅拉麗塔風光的日子並未持續太久，2014年9月，法院判決她在第一任邦長任內（1991～1996年）不當收取財物有罪，處以四年徒刑。賈雅拉麗塔被迫辭職入獄，成為印度史上第一位印司法判決而辭職的現任邦長，她的入獄導致邦內暴動，甚至有支持者自殺，10月中法院有條件同意讓她保釋出獄；到了2015年5月，高等法院更是推翻前判決，認定貪污

7　「全印安納達羅毗荼進步聯盟」全名較長，本文以下皆用AIADMK代替。
8　不過這也並非絕對，DMK也曾經參加過全國民主聯盟。

罪不成立，撤銷所有對賈雅拉麗塔的告訴，泰米爾納度邦的「母親」風光回任邦長。

西孟加拉邦的個人魅力型政黨：全印草根國大黨

「全印草根國大黨」（All India Trinamool Congress）是由西孟加拉邦現任邦長班娜吉（Mamata Banerjee）所創立的政黨，和前述的AIADMK一樣，這個政黨有很強的個人色彩。班娜吉原本是國大黨在西孟加拉邦的成員，在1984年首次當選國會議員，當時創下西孟加拉邦歷史上最年輕國會議員的紀錄，其後她又連任六屆議員。西孟加拉邦自1977年之後就一直由印度共產黨（馬克思主義派）執政，該黨並在該邦連續執政達34年，而班娜吉所領導的國大黨西孟加拉黨部，卻能在歷次選舉中獲得穩定的席次，可謂異數。不過後來她與國大黨嫌隙漸深，最後在1998年宣布出走，另組國大黨，並以Trinamool（意為「草根」，grass-root）為名。此後就稱為草根國大黨。

草根國大黨很快就成為西孟加拉邦最大的反對黨，並嘗試挑戰印度共產黨（馬列主義派）的執政地位。1999年班娜吉選擇參加印度人民黨所領導的執政聯盟「全國民主聯盟」（NDA），並被延攬入閣擔任鐵路部長，不過兩年後她又與印度人民黨決裂，改與國大黨合作。2004年1月她再度參加印度人民黨的執政聯盟，不過當年5月印度人民黨敗選下臺。2009年該黨又與國大黨結盟，班娜吉再度成為鐵路部長，2011年草根國大黨在西孟加拉邦的議會選舉中擊敗執政達34年的印共（馬），成為該邦的執政黨，班娜吉出任邦長至今。在2014年的下議院選舉中，草根國大黨未與兩大黨結盟，卻一舉奪下34席，比上屆增加15席，成為國會中第四大政黨。目前該黨正嘗試發展成全國性的政黨，開始在其他邦建立支部，並在曼尼普爾（Manipur）邦與北方邦（Uttar Pradesh）議會擁有席次[9]。

9　全印草根國大黨官方網站資料：https://aitmc.org/elected_rep.php?lim=10&sid=3。

奧里薩邦的家族地方性政黨：比朱人民黨

「比朱人民黨」（Biju Janata Dal）是印度東部奧里薩邦的地方黨，其名字該邦地方政治家比朱帕奈克（Biju Patnaik）與人民黨（Janata Dal）的結合。在第二章中提到1977年的國會選舉，新組成的反對黨人民黨擊敗執政三十年的國大黨，完成印度獨立後首次政黨輪替。雖然其執政時間不長，但從這個時候到1990年代初印度人民黨正式崛起之前，人民黨在許多地方仍然被視爲國大黨之外最具有影響力的政黨。其中比朱帕奈克就是人民黨在奧里薩邦的政治人物，其早年英雄行爲讓他在地方擁有極高的知名度[10]。他曾經擔任過兩任邦長，最後在1997年過世。其子納溫・帕奈克（Naveen Patnaik）在1996年當選下議院議員，繼承父親的政治資產，不過後來與人民黨決裂，於是以父親之名自組新黨。他在2000年當選奧里薩邦邦長並連任至今。

比朱人民黨在意識型態上採取世俗主義立場，以促進奧里薩邦人民福祉爲目標，不過在策略上參加全國民主聯盟，因此納溫・帕奈克在上次印度人民黨執政期間曾經擔任過礦業部長。不過比朱人民黨在2009年之後就不再參加全國民主聯盟，目前該黨擁有奧里薩邦議會147席中的117席，並在2014年國會大選中獲得該邦21席中的20席。

奧里薩的地方政治版圖大致上是由1970年代國大黨與人民黨「兩黨競爭」的模式，演進到1990年代國大黨、比朱人民黨、印度人民黨之間的「三強競爭」，後來又變成比朱人民黨－印度人民黨聯盟對抗國大黨的「兩強競爭」模式。近年來比朱人民黨決定不再參加全國民主聯盟成爲獨立勢力，並在地方上囊括多數議會席次，其地位與泰米爾納度邦的AIADMK和西孟加拉邦的草根國大黨類似。類似比朱人民黨在奧里薩地位的政黨還有安得拉邦的「泰盧固之鄉黨」（Telugu Desam Party），該黨目前是安得拉邦的執政黨，並在今年下議院選舉中得到16席。該黨也是印度人民黨的盟友。

10　帕奈克年輕時爲飛行員，尼赫魯曾經派遣他飛到印尼救出獨立後的第一任總理Sutan Syahrir（因爲荷蘭殖民當局計畫將其逮捕）。和印度早年的政治人物一樣，他早年也是國大黨黨員，並與尼赫魯及其女兒英迪拉甘地熟識，也當選過國大黨籍國會議員。比朱人民黨官方網站資料：http://www.bjdodisha.org.in/bijupatnaik.jsp。

馬哈拉施特拉邦的宗教型地方政黨：濕婆神軍黨

「濕婆神軍黨」（Shiv Sena）是一個以印度教民族主義爲宗旨的政黨，活躍於馬哈拉施特拉邦（Maharashtra），總部設在孟買。1966年由政治漫畫家巴・塔克雷（Bal Thackeray）所創立，原來目的是爲了協助由農村移民至城市的馬拉地人（Marathi people，即馬哈拉施特拉邦之主要居民）爭取權益，後來從一個政治運動發展成正式政黨。該黨成立早期與國大黨關係密切，曾經在國大黨分裂時支持國大黨組織派（INC (O)）（見第二章）濕婆神軍黨在政治上最重要的發展是1989年與剛興起不久的印度人民黨結盟，並在1995年擊敗國大黨成爲馬哈拉施特拉邦的執政黨（藍筱涵，2013：94）。當年議會選舉（共288席）國大黨獲得80席，濕婆神軍得到73席，印度人民黨贏得65席，雖然國大黨席次最多，但是「濕婆神軍—印度人民黨」聯盟席次高於國大黨，因而獲得執政權。這種聯盟成爲往後兩黨在馬哈拉施特拉邦與孟買地區的主要合作方式。目前孟買市政府仍然是由「濕婆神軍—印度人民黨」聯盟執政，在227席議員中擁有106席。自2004年開始該黨黨主席由巴塔克雷之子烏德哈夫・塔克雷（Udhav Thackeray）擔任。

在印度所有政黨中，濕婆神軍的宗教與軍事色彩最爲濃厚，在過去許多馬拉地人與其他族群（穆斯林以及南印度人）之間的衝突中都可以看到其蹤影，部分媒體甚至將其看成印度教恐怖組織。這主要是因爲其政黨立場在1980年代後從爲馬拉地人爭取權益的立場逐漸轉移爲支持印度教民族主義，因此其軍事色彩比較強烈。近年來濕婆神軍黨積極向馬哈拉施特拉邦之外的地方發展，並在一些邦議會中獲得席次，不過其主要影響力仍然集中在馬哈拉施特拉邦。在本次下議院大選中，濕婆神軍所得到的18席都在這裡，而印度人民黨則得到23席，兩黨聯盟囊括了該邦48席中的41席。

類似濕婆神軍，以宗教爲號召的政黨在印度很多地方都有，另一個著名的例子是旁遮普邦的「最高阿卡里黨」（Shiromani Akali Dal, SAD），這是以錫克教徒爲主要成員的政黨，也是印度人民黨在旁遮普邦的盟友。該黨在2014年選舉中得到4席，旁遮普邦目前也是由最高最高阿卡里黨與印度人民黨之間所組成的政治聯盟來執政。

北方邦的低階種姓政黨：大眾社會黨

「大眾社會黨」（Bahujan Samaj Party, BSP）是北方邦（Uttar Pradesh）的一個以代表「低階種姓」爲主要號召的政黨，Bahujan 是巴利語（Pali，一種古印度語言）「人民多數」的意思，Samaj 則是印地語（Hindi）中「社會」或「公眾」之意。所謂低階種姓印度教種姓制度中地位最低的首陀羅（Sutra）及「賤民」（Dalit）。當然在印度獨立後實行民主制度，不可能容許種姓制度存在，但是在印度憲法中爲了提升低階種姓的地位，特地以配額之方式保障其在教育與公職權利，稱之爲表列種姓（Scheduled Castes, SC）與其他落後階級（Other Backward Classes, OBCs）[11]。這樣的制度設計反而讓低階種姓的保障制度是否應強制執行成爲印度政治上的一個議題。1980年Mandel委員會報告公布後，高階種姓與低階種姓之間的衝突變得更加激烈，以凝聚低階種姓向心力爲號召之「大眾社會黨」就在此背景下崛起[12]。該黨是由Kanshi Ram於1984年所創立，吸引國大黨在北印度地區勢力衰落後的低階種姓選票（Yadav and Palshikar, 2006: 109）[13]。

1990年代該黨由Mayawati女士繼任領袖，開始在下議院與北方邦議會選舉中得到席次，並積極對外邦擴張。該黨在2007年的邦議會選舉中贏得406席中的206席，成爲執政黨，Mayawati出任邦長，兩年後（2009）該黨在十五屆下議院選舉中得到21席（北方邦20席、中央邦1席），聲勢如日中天。不過因爲Mayawati大搞個人崇拜的作風與黨籍議員貪污傳聞不斷，以致該黨在2012年的北方邦議會選舉中輸給北方邦另一個主要對手社會黨（Samajwadi Party）。2014年的下議院選舉中，大眾社會黨一口氣在全國各地提名了474位候選人，最後竟全軍覆沒[14]。

11　「表列種姓」即印度教徒中的低階種姓，「其他落後階級」是在社會上發展機會屬於弱勢的群體，但列入表中的族群名單可隨其經濟社會地位的上升或下降而調整。詳見第四章。

12　Mandel委員會認定全印度共擁有3,743個落後的種姓與次種姓（sub-castes），其人數占總人口的半數，因此主張保留49.5%的政府職位給低階種姓者。詳見第四章。

13　該黨之政治主張可參考其官方網站：http://www.bspindia.org。

14　以得票率來說，該黨獲得全國總選票的4.1%，僅次於印度人民黨與國大黨，但卻沒有得到任何席次。參見："Lok Sabha polls: Parties corner vote share, but fail to win seats," *ZEE News* (May 17, 2014), http://zeenews.india.com/news/general-elections-2014/lok-sabha-polls-parties-corner-vote-share-but-fail-to-win-seats_932823.html。

以種姓為號召的政黨的另一個例子是比哈爾邦（Bihar）的人民力量黨（Lok Janshakti Party），該黨以帕斯萬（Paswan）種姓代表者自居，在比哈爾邦擁有大批低階種姓支持者，是印度人民黨的盟友，並2014年下議院選舉得到6席。

地方化的全國性政黨：印度共產黨

在印度所有政黨中，共產黨是一個非常特別的案例。雖然中選會將其列為全國性政黨，但過去數十年來，這個政黨的影響力幾乎僅限於少數的幾個邦，特別是西孟加拉邦、喀拉拉邦、以及位於東北的特里普拉邦；而且雖然印共的標誌、政綱、以及組織型態都符合世人對「共產黨」的印象，但是本質上已經轉型成一個意識型態偏左的社會民主黨（Kohli, 1997: 336）。

印度共產黨是在1920年由羅易（M. N. Roy）所創立。羅易在1887年出生於英屬印度下的孟加拉，後至加爾各答求學。在目睹了英帝國的高壓統治，特別是殖民當局在1905年推出備受爭議的「分割孟加拉」政策後，他深信唯有依賴武裝革命才能讓印度獨立[15]。羅易在18歲之後就投身於革命事業，先至德國後到墨西哥，並由受到俄羅斯布爾什維克革命的影響而接受共產主義信仰。他在墨西哥期間還協助成立了墨西哥共產黨，後來以墨西哥共產黨代表的身分前往莫斯科並定居該地。在蘇聯支持下，羅易於1920年在中亞地區的塔什干（Tashkent）建立印度共產黨，並在1927年於印度境內召開了第一次全印共產黨代表大會。當時在英國統治下的印度，共產黨被視為非法組織，羅易本人也仍然流亡在外，不過印度新興的勞工階級卻已經有能力發動一連串的罷工運動。1928年孟買的紡織工人曾經為抗議減薪而罷工長達六個月，當時孟買地區勞工所組成的工會（Girni Kamgar Union）成

---

15 英國殖民時期的孟加拉地區因為範圍太大，因此總督寇松（Lord Curzon）在1905年決定將其一分為二，東半部與阿薩姆合為一省，而西半部則與比哈爾及奧里薩合併。此舉讓東孟加拉成為穆斯林居多數的地區（最後變成今日的孟加拉國），而西孟加拉省因為比哈爾人及奧里薩人的加入，也讓說孟加拉語的族群成為少數。故此一政策提出後遭到許多孟加拉人的反抗（Barbara and Thomas Metcalf, 2011: 227-228）。

員就有6萬人（Barbara and Thomas Metcalf, 2011: 267）。

　　1929年英國殖民政府發動逮捕，將多數印度共產黨領袖判刑入獄，殘存的共產黨員並沒有獲得甘地和國大黨等反英團體的支持，因此沒有辦法在隨後的反殖民獨立鬥爭中扮演重要的角色，黨員人數甚至降到1,000人以下（deSouza and Sridharan, 2006: 206）。二次世界大戰期間，印共的策略是與其他左派及工人政黨合作，建立聯合陣線（United Front），致力於實現一些共同的目標，例如保障工人利益以及對抗法西斯政權等。不過共產黨在此時期無法發揮影響力有另外兩個原因：一是許多印共領袖出身高階種姓家庭（如羅易本人就屬於婆羅門教士階級），多半都是受高等教育之後才接受左派思想，這些人幾乎沒有勞動經驗，甚少與低階層農民工人接觸，其行動很難獲得普羅大眾支持。二是印共成立之初就受到共黨國際指揮，而蘇聯所指示的運動路線往往和印度本身的民族獨立目標有所衝突，讓印共無所適從。例如1942年當甘地與國大黨發起「撤離印度」（Quit India）運動以對抗英國殖民當局，印度共產黨竟然選擇支持英國──英國當時與蘇聯結盟共同對抗納粹法西斯勢力，受莫斯科指揮的印共不得不將蘇聯的利益置於民族利益之上，但此舉反而讓印共逐漸失去人民的支持。

印度獨立後的印共

　　1947年印度獨立之初，印共繼續堅持史達林主義路線，認定國大黨是西方帝國主義的支持者，總書記拉納迪夫（B. T. Ranadive）甚至發動一連串的恐怖活動及農民革命，試圖推翻印共眼中的「資本主義」國大黨政府，這種武裝奪取政權的策略被稱為「拉納迪夫路線」。大量的印共黨員再度被捕入獄，黨員人數也從1948年的8萬9,263人銳減到1950年的2萬人（deSouza and Sridharan, 2006: 210）。此時，在海德拉巴地區的共產黨人並不認同「拉納迪夫路線」，主張印度的情形與中國類似，都是受到傳統封建主義勢力宰制的地區，因此應該由農民而非工人階級發動革命。農民革命的策略是對封建地主發動鬥爭，並使用游擊戰的方式建立解放區並逐步擴大革命成果。這個策略和中國共產黨在1930年代之後所採取的方式類似，不過不清楚是否是受到中共領導人毛澤東的直接影響。當時由海德拉巴共產黨所發

起的農民革命主要是在特倫甘納（Telangana）地區，因此被稱為「特倫甘納起義」（Telangana uprising），這種路線被稱為「安得拉主張」（Andhra Thesis，安得拉是印度東南部的一個邦，海德拉巴為此地區最大城市）。當時在印度其他地區也有類似的農民革命，主要集中在東北地區的特里普拉，但這個路線並沒有獲得印共黨中央和蘇聯的支持（deSouza and Sridharan, 2006: 210-211）。最後在1970年代轉變為納薩爾派（Naxalites），也就是一般所稱的毛派游擊隊（陳牧民，2015）。

在史達林死後，新的蘇聯領導人赫魯雪夫展開批史運動（de-Stalinization movement），並轉而與國大黨交好，印共開始改變路線。1957年印共在喀拉拉邦選舉中獲勝成為執政黨，這是歷史上第一個以選舉方式取得政權的共產黨，雖然其執政時間只有二十八個月，但卻已經在喀拉拉地區推行了一連串土地與教育改革[16]。鑑於喀拉拉地區的成功經驗，印共在1958年通過阿姆利則決議（Amritsar resolution），決定放棄武力鬥爭，改採議會路線來爭取執政權，並支持尼赫魯總理的不結盟外交政策（Malik, 2009: 112）。印度共產黨正式轉型為體制內合法政黨。

1964年印共分裂事件

1962年的中印邊界戰爭時，印共內部分為支持中國與支持印度兩派，前者以巴蘇（Jyoti Basu）為領袖，認為中國才是真正社會主義國家，被稱為國際派；後者以旦戈（S. A. Dange）為主，也稱民族派，意識型態上親蘇反中。這場意識型態之爭造成印共的分裂：在1964年11月7日第七屆印度共產黨代表大會上，親中派宣布從黨內出走另外成立一個政黨，稱為印度共產黨（馬克思主義派），英文是Communist Party of India (Marxist)，外界以CPI (M)來與原來的共產黨（CPI）做區隔。此後印共（馬）逐漸調整其親中立場以適應國內政治的變化，並自1967年起開始參加國會選舉。該黨第一次參選就獲得百分之六的選票，此後一直在國會保持一定的席次（Malik, 2009: 113）；同時印共（馬）也在西孟加拉和喀拉拉邦的議會裡獲得相當

---

16 後來國大黨政府利用憲法賦予總統的緊急統治權將其強行解散。關於總統緊急統治權，請見本書第一章。

數量的席次，最後在1977年獲得西孟加拉邦議會中的絕對多數席次成為執政黨，並連續執政到2011年為止。原來正統的印度共產黨（CPI）一開始選擇與國大黨合作，但後來又轉而與印共（馬）合作。

目前在印度政壇上，印共與印共（馬）都屬於左派陣線（Left Front）的成員，這是一個由所有左派政治團體形成的聯盟，除了在西孟加拉邦長期執政之外，左派聯盟也在喀拉拉邦執政多年，目前仍在東北部的小邦特里普拉執政。西孟加拉邦、喀拉拉、與特里普拉三邦是印度共產黨及其他左派政治團體的主要的活動地區。印共與印共（馬）和世界上其他地區共產黨最不一樣的地方，是用議會選舉路線取得執政權，並在執政地區推行較為溫和的社會與土地改革。印共在敘述與印共（馬）之間的關係時，表示「雖然兩個政黨的立場仍有所不同，但是為了聯合左派聯盟的力量，彼此間仍保持協調與共同行動。」（Communist of India website）可見兩者的關係並不像早年分裂時那麼敵對。

印共（馬）在其執政地區有相當不錯的政績，其中在西孟加拉邦曾經連續執政三十四年，在印度政治史上大概只有國大黨能與之匹敵。孟加拉在1970年代之前是印度政局最混亂、暴力最嚴重的地區，但在印共（馬）上臺後逐漸步入正軌，成為政治秩序最穩定的區域之一，其政績深受選民肯定。共產黨在西孟加拉之所以能長期執政是因為該邦內的各種姓分布還算平均，使得沒有一個種姓具有數量上的優勢而得以壟斷政治資源，且除了婆羅門之外，剎帝利甚至首陀羅種姓也擁有土地，使得種姓之間的差異並不如其他地方明顯；此外，高階種姓或階級對低階種姓或族群不具有絕對的控制權，使後者可以發展出對高階族群的反抗意識。以上這些條件使得共產黨能夠超越種姓制度，形成一個跨族群的政治團體。另一個共產黨成功的關鍵是其組織能力：除了1960年代末印共（馬列）脫離事件外，印共（馬）多數時間都是一個組織完整且向心力很強的政黨，有助於其參與選舉並獲得選民認同（Kohli, 1997: 339-340）。印共（馬）另一個關鍵是前後兩人領導人巴蘇（1977～2000年）與巴塔查吉（Buddhadeb Bhattacharjee）（2000～2011年）成功地將其他左派政黨（印共與「前進集團」Forward Bloc）納入，成

為一個穩固的政治聯盟。[17]最後在2011年的邦議會選舉中，才被草根國大黨擊敗，結束三十四年不間斷執政的紀錄。在喀拉拉邦，共產黨雖然沒有連續執政如此長的時間，但是自1957年首度在選舉中獲勝後，迄今已經累積八次上臺執政的紀錄，也是世界上第一個以選舉方式上臺執政的共產黨。喀拉拉邦至今被許多政治學者視為印度發展程度最好的地區之一，人民教育程度與社會福利制度均較其他地區高得多。2007～2008年喀拉拉邦的人類發展指數（Human Development Index）是0.790，為全印度最高的地區（第二名為首都德里的0.750），全印度平均數也只有0.467（India Human Development Report 2011, 2012: 257）。

在2008年以後，印共（馬）和其他左派政黨在政壇上的影響力下降，不僅連續失去西孟加拉與喀拉拉的政權，在國會的席次也大幅減少。在最近一次（2014年）的下議院選舉中，印共（馬）在全國543個席次中只獲得9席，得票率為3.25%；而印共更只有1席，得票率為0.78%。印共（馬）所當選的9席議員中，有2席來自西孟加拉邦，5席來自喀拉拉邦，2席來自特里普拉邦，可見該黨主要支持者來自這三個邦。而印共只從喀拉拉邦得到1席議員。此結果與前一屆選舉（2009年）相比少了10席，跟2004年比更少了43席。

地方性政黨與全國性政黨的關係

無論從全國得票率或是國會席次來看，地方性政黨都難以與兩大黨競爭，但前者卻往往在特定的邦獲得議會多數席次並長期執政，這樣的現象促使地方性政黨與兩大黨之間發展出非常微妙的競合關係。藉由以上案例說明，我們可以進一步歸納出五種地方性政黨與兩大黨的關係模式：

第一種是維持獨立，不與任何一方結盟，例如2014年國會大選中的AIADMK以及草根國大黨。不過這不代表地方性政黨絕不與全國性政黨結

17 Chaudhuri, Kalyan. 2002. "A Record in West Bengal." *Frontline*, 19 (14), (July 6-19), http://www.frontline.in/static/html/fl1914/19140310.htm.

盟。從過去的歷史來看，幾乎所有地方性政黨都曾參加過大黨組成的政黨聯盟。只是具有實力的地方黨近年來傾向維持獨立不結盟。在這種模式下，地方黨與全國黨在地方與國會選舉時是皆處於競爭狀態。

　　AIADMK的情況或許可以稱之為「泰米爾模式」。泰米爾納度邦的政治生態是地方性政黨完全取代國大黨的地位，成為最大的政治勢力，但隨後地方性政黨又分裂成兩個集團，彼此競爭執政地位，因此這兩個政黨通常會各自選擇國大黨與印度人民黨作為選舉時的合作對象。從1970年代開始，AIADMK與DMK輪流執政，並分別與全國性政黨結盟。只是這種結盟模式並非絕對，此次選舉前AIADMK決定不參加全國民主聯盟就是一例。不過泰米爾納度邦可以視為「地方性政黨獨大」的代表。

　　第二種是在兩大政黨間左右逢源，與雙方都曾結盟，但保持獨立性，例如草根國大黨與泰米爾納度邦的達羅毗荼進步聯盟（DMK）都曾與國大黨與印度人民黨合作過，不過這兩個政黨在本次選舉時都沒有參加兩大黨的聯盟。草根國大黨在西孟加拉邦的地位也是屬於「地方性政黨獨大並相互競爭」的情況，其主要的對手是地方化的印共（馬）。但是與「泰米爾模式」不同在於草根國大黨並無固定的結盟對象，而且與兩大全國性政黨都曾有結盟的經驗。國大黨與印度人民黨並無能力取代草根國大黨的地位，也無法扶植另一個地方性政黨來取代草根國大黨，使得後者得以挾實力自重，彈性選擇結盟對象。

　　第三種是地方黨與某一全國性政黨長期結盟，選舉時協調選區，甚至在地方上聯合執政，事實上自1989年後印度許多邦都是兩大黨之一，與地方黨聯合執政的狀態（Chakrabarty and Pandey, 2008: 217-221）。最明顯的例子就是濕婆神軍黨與印度人民黨聯盟，泰盧固之鄉黨、比朱人民黨、以及最高阿卡里黨都選擇與印度人民黨合作，長期與國大黨合作的則有馬哈拉施特拉邦的國民大會黨（Nationalist Congress Party）。以馬哈拉施特拉邦為例，該邦政治最特別的地方在於濕婆神軍黨與印度人民黨之間發展出長期穩定的聯盟關係，並且在選舉中協調選區，因此兩黨不會發生候選人彼此競爭的情形。該邦從獨立後原本一直是國大黨獨霸的情況，但在濕婆神軍與印度人民黨出現之後，成為國大黨與濕婆神軍—印度人民黨聯盟「兩強競爭」的情況，類似奧里薩邦的情況，只是濕婆神軍與印度人民黨之間因宗教民族主義

所形成的聯盟關係頗爲穩固，很少因爲選區利益等原因而改變[18]。

　　第四種情形是與兩大黨處於競爭關係的地方性政黨，因爲彼此選區重疊，因此在選舉時處於競爭狀態，較少參加政黨聯盟，北方邦的大衆社會黨爲其代表[19]。北方邦是印度人口最多的邦，國會席次543席中就有80席來自於此，向來是兩大全國性政黨最重要的票倉，加上種姓政治因素，因此其政治生態屬於三強鼎立的情形：國大黨、印度人民黨、以及地方性政黨都各有支持者。這些政黨的支持者之間原來存在一條因種姓與社會階層所形成的界限，但是當選舉日趨激烈，這條界線就會被打破（Yadav and Palshikar, 2006: 110）。不過大衆社會黨並不是該地唯一的地方性政黨，其與社會黨之間的競爭關係更爲激烈。

　　第五種模式是地方性政黨嘗試發展成全國性政黨或政黨聯盟，企圖進一步挑戰兩大黨的地位。有些地方性政黨會在其名字前面加上「全印度」（All India）表示其希望發展成全國性政黨，例如前述的AIADMK、全印草根國大黨等。目前在國會中，印共與印共（馬）屬於「左派陣線」（Left Front），這是印度人民黨領導的「國家民主聯盟」與國大黨的「聯合進步聯盟」之外的第三個政黨聯盟，不過其席次從來沒有大到可以獨自組閣的程度，近年來的得票率也逐漸下降，其影響力較過去少很多。「左派陣線」其實也不排斥與國大黨合作：印共與印共（馬）等左派政黨都曾經在2004年參與國大黨所組成的執政聯盟（支持國大黨的政策，但未入閣），不過在2008年7月，因反對國大黨推動的美印民用核子協議（US-India Civilian Nuclear Agreement）而宣布退出[20]。

18　2014年10月間馬哈拉施特拉邦所舉行的邦議會選舉前，濕婆神軍黨與印度人民黨未能就各選區提名名單達成共識，前者因而決定終止雙方的合作關係，各自提名競選。但在選後兩黨又決定合組政府。

19　但這種情形並非絕對：大衆社會黨曾經在1995年短暫與印度人民黨結盟，後來又與國大黨結盟，最後在2008年退出聯盟。

20　當時左派聯盟的決定讓國大黨政府頓時陷入執政危機，因爲其所領導的聯合進步聯盟在下議院的席次減少了五十餘席，極有可能在不信任投票中遭到倒閣。後來國大黨順利爭取到社會主義黨（Samajwadi Party）等地方型政黨的支持，才在2008年7月22日的內閣信任投票中以275票對256票的比數驚險過關。請參閱 "Indian government survives vote," *BBC News* (July 22, 2008), http://news.bbc.co.uk/2/hi/south_asia/7519860.stm。

結論

　　第二章曾經說明在1990年代後印度的兩大黨逐漸發展出政黨聯盟的模式，藉著與地方性政黨的合作來取得國會多數。不過在2014年的下議院選舉，印度人民黨獨得半數以上的282席，而國大黨的盟友也只得到16席，這樣的結果容易給人地方黨表現不如預期的印象。但如果仔細觀察，可發現並非所有地方黨的表現都不好，有些地方黨的表現可說是大勝，例如AIADMK，在2004年選舉時尚未得到任何席次，到2009年得到9席，2014年卻贏得37席，囊括泰米爾納度邦（共39席）絕大部分席次。草根國大黨在西孟加拉邦的情形也類似，得到42席中的34席，比前兩屆大幅進步（2004年1席；2009年19席）。比奧里薩邦的比朱人民黨、馬哈拉施特拉邦的濕婆神軍黨、以及安得拉邦的泰盧固之鄉黨的表現也都比過去好。比朱人民黨得到奧里薩邦21席中的20席；外濕婆神軍黨提名20名參選，當選18名；泰盧固之鄉黨從上屆6席增加到16席。敗的最慘的地方性政黨，應該是北方邦為基礎的大眾社會黨與社會黨，前者失去所有下議院席位，而後者在選舉時是北方邦的執政黨，卻只得到80席中的4席。

　　這樣的選舉結果顯示地方性政黨有「強者越強、弱者越弱」的趨勢。AIADMK、草根國大黨，以及比朱人民黨以地方霸主之姿贏得邦內大多數席次，根本不需要與兩大黨結盟就能在國會具有發言權。而繼續與印度人民黨合作的濕婆神軍黨（馬哈拉施特拉）、人民力量黨（比哈爾），以及最高阿卡里黨（旁遮普）都是原本「全國民主聯盟」的成員，可見印度人民黨與地方黨的長期合作關係比國大黨來得穩固。印度總理莫迪很清楚印度人民黨仍然需要地方政黨的合作，才能穩固執政基礎。也因為印度的政黨聯盟基礎薄弱，地方性政黨曾因為與執政黨在某一政策意見不合就宣布退出，因此在選舉後，印度人民黨的地方盟友都還是分配到一些內閣席位，例如紀德（Anant Geete）代表濕婆神軍黨出任工業部長（Minister of Industry）；人民力量黨領袖帕斯萬（Ram Vilas Paswan）出任消費者事務、食品與公共分配部部長（Minister of Customer Affairs, Food, and Public Distribution）；芭達爾女士（Harsimrat Kaur Badal）代表最高阿卡里黨出任食品加工業部長

（Minister of Food Processing Industries），她的夫婿也是旁遮普邦的副邦長。

　　從地域分布來看，印度人民黨所得到的席次基本上集中在印度北部印地語通行的區域，主要是北方邦、中央邦、比哈爾邦等地，以及總理候選人莫迪所執政的古吉拉特邦。印地語地區剛好也是大眾社會黨、社會黨等種姓政黨過去主要的選區，因此受到的衝擊最大。可見北印度印地語地區的地方黨是這次選舉的最大輸家。2013年在德里地區出現一個從「印度反貪污運動」（India Against Corruption）轉變而來的新政黨「小老百姓黨」（Aam Adami Party），竟然在德里議會選舉中獲得第二多席次，並在國大黨支持下上臺成為德里的執政黨，當時「小老百姓黨」的勝利讓外界認為一種以新的價值觀，或意識型態為基礎的政黨可能興起。但這個政府只維持了三個月就垮臺[21]。在2014年的國會選舉中，「小老百姓黨」大舉在全國各地提名候選人，卻沒有在其大本營德里地區得到任何席次，只有在旁遮普邦得到4席，看起來已經搖搖欲墜。不過到了2015年2月，德里重新舉行議會選舉，小老百姓黨獨得70席中的67席，此結果再度讓該黨成為印度政壇一個具有影響力的新政黨。這樣戲劇化的結果再度證明印度的政治發展並沒有規則可循，研究者只能根據每次大選投票結果來追蹤各黨勢力的消長。

21　印度反貪污運動2011年底由社會運動家安納（Anna Hazare）與科吉利瓦（Arvind Kejriwal）所發起的社會運動，試圖以公民的力量來促使國會通過一反貪污法案，稱為公民監督法（Lokpal Bill），其目的是建立一個獨立運作的反貪機構。其實該法案早在1968年就已經被提出，不過沒有任何一任政府願意將其付諸國會表決。2011年間，安納於德里發起絕食，逐漸成為一場大規模社會運動。後來安納與科吉利瓦因意見不合而分道揚鑣，後者發起小老百姓黨，並以反貪腐為主要訴求，該政黨主要活動區域在首都德里及鄰近各邦。

第二部分

社會與發展

前言

　　印度是一個由不同族群所組成的社會，各族群之間的差異具體表現在語言、宗教、種族等三方面。語言問題是印度政治發展過程中最核心、也是最敏感的議題之一，因為許多地方自獨立以來便極力抗拒中央政府將印地語（Hindi）訂為國語的政策，並要求以語言作為行政區劃界的標準，迄今也只有四成的人口使用印地語（Windmiller, 1954: 292）。宗教是印度社會劃分不同族群的另一個標準。幾乎全世界所有的宗教都能在今天的印度找到信徒。如以2011年的人口普查（Census of India 2011）數據為準，印度約有79.7%的居民信奉印度教（Hinduism）；14.2%信奉伊斯蘭教；2.29%為基督徒；1.7%信奉錫克教（Sikhism）；另有0.69%的居民為佛教徒，0.36%信奉耆那教（Jainism）[2]。由於印度教信徒占總人口的八成左右，印度教的規範對社會的各層面影響極大。非印度教信徒普遍被認為是少數族群，宗教信仰成為印度社會認定少數族群的主要判斷標準[3]。第三個劃分多數與少數族群的標準是種族（ethnicity）。印度各偏遠地區有相當數量的原住民，這些原住民族使用的語言與生活方式與一般印度人有很大差異，且多有自己的原始信仰。例如在鄰近中國（雲南與西藏）與緬甸的邊界地區的少數民族在外觀上比較接近東亞人，其語言與生活方式也與中國、緬甸等國境內的少數民族相似。為了保障這些在經濟條件上處於弱勢的族群的權利，印度在1950年憲法

1　本章部分內容最早發表於2010中華民國國際關係學會年會（2010年6月12日），其後經大幅修改增補而成。

2　National Commission for Minorities website, *Government of India*, http://ncm.nic.in/minority_population.pdf.

3　Census of India website, *Office of the Register General and Census Commissioner*, http://www.censusindia.gov.in/2011census/population_enumeration.html.

的第五列表（Fifth Schedule of the Constitution）中將這些原住民稱爲表列部落（Scheduled Tribes）[4]。目前印度憲法共列了645個表列部落。依照2011年印度政府普查的資料，表列部落人口爲1億零454萬人，占全印度總人口的8.6%。

由於印度族群問題比其他國家更爲複雜，研究者很難單以種族（ethnic groups）的概念來理解其全貌，因此本章將採用「少數族群」（minority groups）一詞而非少數民族（ethnic minorities）爲主要分析概念。在印度一般通稱的少數族群正是由語言、宗教、族群三個標準來認定。

印度各地都有自己的方言，因此並非所有不使用印地語的族群都是少數族群。因此除了語言之外，必須加上另外兩個條件：第一是信仰印度教以外的宗教，這是宗教意義上的少數族群，例如穆斯林或錫克教徒；第二條件是該族群必須是列爲憲法表列部落的原住民族，也就是種族意義上的少數族群，例如居在東北地區的各少數民族。這些族都有自己的語言，並且都是憲法規定的表列部落[5]。但必須說明的是，表列種姓（Scheduled Castes, SC）與其他落後階級（Other Backward Classes, OBCs）並不能算是少數族群。「表列種姓」即印度教徒中的低階種姓，「其他落後階級」是在社會上發展機會屬於弱勢的群體，但列入表中的族群名單可隨其經濟社會地位的上升或下降而調整。印度政府將這兩種群體與表列部落並列，並立法保障其生存與發展權[6]。因此本章所討論的少數族群是以語言、宗教、族群三者爲主要的劃分標準。

印度自獨立後一直標榜世俗主義的立場，設計出聯邦制度讓少數族群得以自治，此外並在憲法中加入保障少數族群地位的條款。但印度少數族群是否眞的對這些政策感到滿意？印度社會層出不窮的社群暴力（communal violence）是否象徵其多民族治理政策的失敗？以下第一節將說明印度的少數族群的概況，並特別介紹穆斯林、東北地區原住民，以及錫克教徒三個主

4　印度憲法的內容主要分爲序言（preamble）、章節（parts）、列表（schedules）、附件（appendices）、修正案（amendments）等五類。其中第五列表（憲法244條）是關於保障經濟社會條件不利的地區（稱表列地區，scheduled areas）與原住民（稱爲表列部落）的權利。

5　Naga語族占全Nagaland人口的89.1%；Mizo語族占Mizoram人口的72%；Khasi族占Meghalaya人口的48.4%。見：TT Haokip, 2009。

6　2011年的普查數字顯示表列種姓（SC）人口爲2億137萬，占總人口的16.6%。

要族群; 第二節進一步介紹印度治理少數族群的兩大政策:語言邦制度以及保障少數族群的相關制度設計;最後一節將進一步分析少數族群政策的實行現況。

少數族群在印度的地位

今日印度的族群問題始自英國殖民時期。如前章所述,英國是歷史上第一個統一印度次大陸所有國家的統治者。當時英屬印度(British Raj)的統轄範圍包括今天的印度、巴基斯坦、孟加拉,以及緬甸,人口有3億8,000萬人[7]。許多原本獨自發展、互不隸屬的土邦及部落首次被納入現代國家的統轄範圍。19世紀後葉,當英國殖民當局逐漸將西方的思維與制度介紹到印度的過程中,印度社會出現了許多以回歸宗教信仰、強化種姓階級、以及振興母語爲目的的社會運動。這些社會運動的發展一方面既是西方文明刺激下的產物,另一方面則吸納了當時歐洲社會運動的組織方式,並與傳統思維相結合,創造出許多極具印度特色的社會團體。著名的例子包括以復興印度教爲主的「雅利安社」(Arya Samaj)運動、以改革伊斯蘭教爲目的之「狄歐班運動」(Deoband Islamic movement),以及1905年反對重劃孟加拉行政區法案的運動。這些出現在19世紀末到20世紀初的本土「文化復興」潮流,對往後印度政治發展產生兩個重大影響:第一是強化了各種社會族群(包含宗教、種姓、種族)的自我認同;第二是助長了不同族群間(特別是印度教徒與穆斯林之間)的暴力衝突。

但並非所有少數族群與印度教徒之間的衝突都始於英國殖民時期,東北地區的原住民族與錫克教徒爭取自治甚至獨立權的聲音,都是在印度建國之後才出現。印度政府處理這些族群的不當政策往往導致衝突激化。以下將分別說明穆斯林、東北地區原住民,以及錫克教徒三個主要少數族群的狀況。

7　錫蘭(今日的斯里蘭卡)並不屬於英屬印度。英國早在1812年就將該地納爲殖民地直接統治。

穆斯林

在印度與巴基斯坦分治之前，穆斯林約占全印度人口的百分之二十四。多數的穆斯林集中在東部與西部（也就是今日孟加拉與巴基斯坦），但仍有為數眾多的穆斯林混居在喀什米爾（Kashmir）及恆河平原等地區。雖然歷史上信奉印度教與信奉伊斯蘭教的統治者相互征戰不斷，但階級比較底層的信徒雙方關係卻相當融洽，甚至兩個宗教內部上下階層之間的矛盾還大於不同宗教之間的矛盾。因宗教引起的暴亂到近代才轉趨嚴重[8]。Omar Khalidi指出：歷史記載最早的宗教衝突是在1707年，當年篤信伊斯蘭教的蒙兀兒帝國皇帝奧朗則布（Aurangzeb）過世，由於他在位期間下令建造的許多清真寺是蓋在原來印度教寺院之上，因此在他過世後印度教徒與穆斯林之間就時常爆發衝突。在英國直接統治印度的1858年之前，大規模的宗教衝突在1714年、1719年、1729年、1786年、1809年發生，但在英國殖民期間受到激化，衝突的頻率與強度均逐漸增加。其中一個著名的案例是19世紀末出現的印度教牛隻保護運動。印度教社群藉著保護牛隻運動建立自我認同，但在此過程中與伊斯蘭社群爆發嚴重衝突。此一事件對印度後來的政治發展有深遠的影響，因為大部分穆斯林領袖自此認定，唯有以保護穆斯林利益為唯一目的的組織才能真正保護他們的利益，而印度教民族主義者卻認為該運動激發出印度教徒應有的驕傲，並扭轉過去印度教徒給人被動且無為的印象（Barbara and Thomas Metcalf, 2011: 222-224）。為了避免被印度教社會同化，穆斯林在獨立前一直要求在政治上擁有高度的自治權。然而在印度爭取獨立期間，代表穆斯林的穆斯林聯盟（Muslim League）領袖真納主張穆斯林與印度教徒在獨立後的政府中，應該擁有等比例的代表權（equal representation），遭國大黨拒絕後決定與印度教徒分道揚鑣，另外建立巴基斯坦國。

在印巴分治之後，許多原本居住在印度的穆斯林移居到巴基斯坦，但是選擇到巴基斯坦定居者多為經濟社會地位較高、曾受高等教育、且具有強烈政治意識的穆斯林，特別是原本居住在孟買地區從事商業活動的中產階級。

8　南亞的穆斯林依其出身背景可分為Ashraf與Ajlaf兩個階級，前者主要是由阿拉伯半島的移民後裔及蒙兀兒統治者後代所組成，後者主要為印度教改宗者。Ashraf的社會地位高於Ajlaf，因此被認為具有種姓制度的特徵（Amhed, 2003: 112; Jenkins, 2006: 1-15）。

留在印度而沒有移民的穆斯林多半原屬中下階層，根本沒有能力移民。2011
年印度政府普查資料顯示，今日印度的穆斯林人數為1億7,200人，占總人口
的14.2%，這個數字比2001年的數據（當時穆斯林占人口的13.4%）為高，
顯示穆斯林占全國人口比例有增加的趨勢。但印度的穆斯林經濟地位普遍低
落、文盲比例高、就業率低，在社會上備受歧視[9]。加上印度獨立後與巴基
斯坦之間爆發多次戰爭，印度教徒動輒遷怒國內的穆斯林，質疑其忠誠度，
以致雙方衝突不斷（Khalidi, 1995: 2-3）。近年來發生的社群暴力以1992
年的阿瑜陀事件（見第二章）事件與2002年的古吉拉特（Gujarat）事件最
為著名，共造成三千餘人死亡[10]。2008年7月間，喀什米爾首府斯里那加
（Srinagar）爆發的穆斯林與印度教徒之間的衝突造成多人死亡，聯邦政府
援引憲法356條解散喀什米爾地方政府，由中央接管以平息暴亂[11]。2013年
8月下旬，北方邦的Muzaffarnagar地區發生穆斯林與印度教徒之間的衝突，
造成43人死亡，近百人受傷，當地政府宣布實施宵禁並進駐軍隊才平息紛
爭，但已經造成上萬人居民流離失所[12]。研究者曾提出許多理由來解釋印
度教徒與穆斯林何以衝突不斷，例如英國在殖民時期將兩個族群分而治之的
政策、兩個族群間缺乏真正相互理解、社群領袖利用衝突來動員群眾，進而
增加其政治權力等等（Khalidi, 1995: 20）。這類衝突並不因為印度實行民
主制度而有減緩的趨勢，反而因為政治人物刻意煽動，使得族群間仇恨在部
分地區有增加的趨勢。

9　2001年的普查資料顯示：印度穆斯林的平均識字率為59.1%，就業率（work participation rate）
　更只有31.3%，比其他宗教信徒為低（http://ncm.nic.in/minority_population.pdf）；這個情形
　至今沒有明顯改善，2012年所發布的一則調查顯示，穆斯林的識字率為67%，仍低於全國平
　均值74%。"Muslims have lowest literacy rate," *Times of India* (Dec. 30, 2012), http://timesofindia.
　indiatimes.com/city/hyderabad/Muslims-have-lowest-literacy-rate/articleshow/17813189.cms.

10　2002年2月27日在古吉拉特邦的Godhra，一列載有從聖地阿瑜陀回來的印度教朝聖者火車遭暴
　徒劫持縱火，造成59人死亡。印度教徒在該省大舉報復，攻擊穆斯林，最後也造成兩千多人死
　亡，數萬人無家可歸。

11　喀什米爾暴動的原因是喀什米爾邦政府決定將印度教聖地阿馬爾那特（Amarnath）的部分土地
　管理權移交給印度教徒組織，以便讓其建設讓印度教徒至該地朝聖的設施。此舉印發穆斯林
　大規模示威。Altaf Hussain, "Land protest shut down Kashmir," *BBC News* (June 26, 2008), http://
　news.bbc.co.uk/1/hi/world/south_asia/7474682.stm.

12　本起事件的起因是兩個村落居民之間的交通事故糾紛（也有一說是穆斯林教徒意圖性侵鄰村的
　印度教女性），幾天內升高為兩個族群之間的大規模衝突。

東北地區原住民

　　印度的東北地區（Northeast Region of India）比鄰中國西藏、緬甸、孟加拉、不丹等國，總面積達25萬平方公里，人口約有3,860萬人，與印度本土距離遙遠[13]。該地居民無論在語言、文化、甚至外觀上與印度本土居民有很大差異，過去由於交通不便，各部落長期各自發展並維持獨立的地位。

　　由民族外觀與使用語言來看，東北地區許多原住民具有蒙古利亞（Mongoloid）與南亞（Austro-Asiatics）人種的特徵，但也有民族是由印度本土移民過來的印度雅利安人（Indo-Aryan）與達羅毗荼人（Dravidian）後代，可說是不折不扣的亞洲民族大熔爐（Ghosh, 2003: 95-96）。印度教與伊斯蘭教很早就傳入東北地區，並成功將部分地區印度化，特別是今日的阿薩姆平原（Assam plain）。19世紀初年，緬甸王國向西進行武力擴張，將此地區納入其勢力範圍，與控制印度本土的英國東印度公司發生衝突。在第一次英緬戰爭（1824至1826年）之後，緬甸將此地區的控制權完全讓出，此後英國政府花了近一個世紀的時間陸續將這些地方征服，但也未能完全將地區內所有部落居民納入統治。因此到印度1947年獨立之前，許多山地部落仍然處於不受外界影響的獨立狀態。在19世紀末至20世紀初，大批來自歐美的基督教傳教士（多數是浸信會）深入該地，讓部落居民放棄原始信仰受洗成為基督徒，此後基督教成為此地區山地原住民的主要信仰。這個特殊歷史發展讓部落居民在文化認同上與以印度教為主的傳統印度社會差距更大。不過在英國殖民時期，東北地區原住民並未發展出強烈的自我認同，也未積極爭取自治或要求獨立，原住民的認同感往往只局限在小範圍的家庭或部落。一直到印度獨立之後，中央政府開始將該地區納入其統轄範圍。

　　今日的東北地區由阿薩姆（Assam）、阿魯納恰爾邦（Arunachal Pradesh）、曼尼普爾（Manipur）、梅加拉亞（Meghalaya）、米佐蘭姆（Mizoram）、那加蘭（Nagaland）、特里普拉（Tripura）等7個邦組成，印度一般暱稱為「七姊妹邦」（Seven Sisters States）。不過依照印度政府的認定，東北地區還包括1975年兼併的錫金（Sikkim）（見第一章）。此地

13　東北地區與印度本土的西孟加拉邦（West Bengal）之間只靠著一條狹長的Siliguri走廊相聯繫，
　　其中最窄的地方只有21公里。

區的行政區劃大約在1980年代完成，目前各邦內部的族群狀況如下：

阿魯納恰爾邦：

總人口中約有70%為表列部落，分屬100個以上不同的種族且有各自的語言，其中25個種族人口數量達到5,000人以上。

阿薩姆邦：

總人口中約有12%為表列部落，分屬二十餘個不同種族，其中最大的是波多（Bodo）族（或稱Boro）與米辛（Mising）（或稱Miri）族。

曼尼普爾邦：

該邦的主體民族是邁泰人（Meiteis，信奉印度教），占總人口的68%，並不屬於表列部落。其他少數民族（占總人口的32%）主要為那加（Naga）族與庫西（Kusi）族。

梅加拉亞邦：

表列部落占總人口的85%，分屬17個部落，其中最大的種族為卡西（Khasi）族與加洛（Garo）族。

米佐蘭姆邦：

總人口中的94%為表列部落，其中又米佐（Mizo）族人口最多，占全邦人口的72%，是以米佐族為主體的語言邦。

那加蘭：

總人口中的89%為表列部落，其中絕大部分（占98%）為那加（Naga）族，因此是一個以那加族為主體的語言邦。但因那加族有一部分住在曼尼普爾邦，兩邦之間的關係並不和諧。

特里普拉邦：

總人口中的31%屬於表列部落，其中最大的民族為特里普里（Tripuri）族，占所有部落人口數的54%[14]。

由這些數字資料來看，東北七邦的族群狀況很難有一個明確的劃分標準。在梅加拉亞、米佐蘭姆與那加蘭，少數族群已經是邦內的主體民族，甚

---

14 本部分數字來源：2001年與2011年印度政府普查資料網站：http://www.censusindia.gov.in/ Census_Data_2001/Census_data_finder/Census_Data_Finder.aspx；http://www.censusindia.gov. in/2011census/population_enumeration.html。

至占總人口的近九成，部落所使用的語言也列為官方語言，但還是被列在憲法的表列部落之內；曼尼普爾也是一個以少數民族邁泰族為主體的語言邦，但信仰印度教的該族卻未被列在表列部落之內；特里普拉雖是由特里普里族組成的語言邦，但該邦民中的七成卻是說孟加拉語的族群，特里普里族在該邦中只占少數，占總人口的16%。此外，阿薩姆邦的主體居民是說阿薩姆語（Assamese）的印度教徒，境內最大的少數民族波多族人數（135萬人）甚至比鄰近阿魯納恰爾邦的總人口數還高，也是最早以武裝方式爭取獨立的民族，但因為居住區域分散，很難依其意願建立獨立的邦。而阿魯納恰爾邦境內種族數量眾多，彼此連語言都無法溝通，不易發展出共同的認同感。雖然東北地區原住民之間並沒有形成對抗中央政府的政治聯盟，甚至彼此之間也存在衝突（例如那加蘭邦一直希望將曼尼普爾邦內的那加族納入），但是也發展出一些與印度社會不同的特質。多數原住民大都接受英語教育，其英語程度均高於一般印度居民，但由於其多信仰基督教，與印度教為主的印度主流社會格格不入，生活上備受歧視[15]。

錫克教徒

估計今日全世界約有2,000萬錫克教徒，其中絕大多數居住在印度。依照2011年的普查資料，錫克教徒總數為2,083萬人，其中1,600萬人居住在旁遮普邦，占該邦總人口的58%。錫克教是15世紀由拿那克師尊（Guru Nanak Dev，1469～1539年）在印度教與伊斯蘭教教義基礎上所發展出的新宗教，主要流行的地方都在印度西北部旁遮普。旁遮普（Punjab，意為五河）在此是一地理名詞，其範圍大致包含今日印度的西北部與巴基斯坦的東部。錫克（Sikh）一詞在梵文原意為學生或門徒，爾後演變為專指此一宗教的信徒。錫克教嚴格奉行一神論、提倡平等、友愛，禮拜拿那克等十代師尊（Gurus）。錫克教之經典稱為Guru Granth Sahib，是第五代師尊阿爾瓊（Guru Arjan，1563～1606年）收集前任師尊所作聖歌整理而成。第十代師尊高溫德‧辛格（Guru Gobind Singh，1666～1708年）將這部經典提

15　這是根據2010年1月在德里與阿薩姆邦訪問數位Mumba族與Naga族人士所得之印象。

升到宗師的地位，將之供奉在錫克教的聖地大金寺（the Golden Temple，位在旁遮普邦的阿姆利則市）。此後錫克教就不再出現新的師尊，而將Guru Granth Sahib視爲宗師的師尊。依照錫克教規定，凡承認其教義、禮拜10位師尊以及其經典Guru Granth Sahib者，都可成爲錫克教徒（王樹英，2009：99）。

由於錫克教徒男性在行爲上必須遵守五條戒律（這五個戒律都以K字開頭，因此被稱爲5K），使得其外觀上與其他宗教信徒明顯不同，這包括：不剃髮鬚（kesh）、攜帶髮梳（kangha）、隨身佩劍（kirpan）、腕戴鐵手鐲（kara）、以及穿著短褲（kachh）（Bowker, 2003: 84-95）。由於不剃髮，男性錫克教徒均將長髮盤於頭頂，並用頭巾包紮，成爲教徒最醒目的標誌。今日的錫克教信徒原本是由伊斯蘭教或印度教改宗而來，並不屬於單一種族，但在其獨特的發展過程中逐漸成爲一個具有強烈自我認同的群體，錫克教徒往往被視爲一個以宗教爲認同基礎的種族（ethno-religious group），類似猶太教與猶太人的關係。

由於錫克教發展過程中受到信仰伊斯蘭教的蒙兀兒帝國統治者壓迫（其中數位宗師還因此殉道而死），使得錫克教徒逐漸發展成半武裝的宗教組織，成年男子均編入作戰隊伍，並以勇敢善戰爲美德。18世紀錫克教戰士與蒙兀兒帝國衝突的過程中陸續征服許多土地，最後在1801年由蘭吉·辛格大君（Maharaja Ranjit Singh）統一並建立錫克帝國（Sikh Empire）。錫克帝國是錫克教政治發展的巔峰，其所轄領土從印度西北延伸至阿富汗，甚至曾經出兵西藏而與清帝國發生戰爭[16]。雖然錫克帝國是由錫克教徒所建立，但在宗教上採取寬容態度，境內錫克教徒只占總人口的10%。其餘分別是穆斯林（80%）與印度教徒（10%）。1849年，錫克帝國被英國征服而瓦解，從此英國在旁遮普進行直接統治。

16　1834年，喀什米爾地區大君古拉伯·辛格（Gulab Singh）派遣將軍佐拉瓦·辛格（Zorawar Singh）率領數千人部隊入侵西藏西部與拉達克等地，並1841年成功占領西藏西部。次年西藏軍隊反攻，成功阻殺佐拉瓦後並將其軍隊逐出藏區。因爲當時古拉伯·辛格臣屬於錫克帝國（Sikh Empire），而西藏也受清帝國冊封，因此這場戰爭被稱爲中國—錫克戰爭（Sino-Sikh War）。不過實際上衝突的雙方是古拉伯·辛格所屬的道格拉（Dogra）部落（藏人稱其爲森巴人）與西藏。1842年9月17日，交戰雙方簽訂西藏—道格拉條約（Tibet-Dogra Treaty），又稱楚舒勒條約（Treaty of Chushul，Chushul位於今日印控喀什米爾境內），確定錫克帝國與西藏之間的界線。

由於絕大多數錫克教徒居住在旁遮普地區，加上在錫克教領袖在20世紀初進一步推行強化宗教上自我認同的運動，因此教徒逐漸發展出在旁遮普地區建立錫克教國度的思維。但錫克教徒在整個旁遮普地區仍然只是少數，該地多數的居民仍然是穆斯林，主要居住在西部，而東部則有較多的印度教徒。1947年印巴進行分治時，旁遮普地區被一分爲二，西部（約六成的領土）穆斯林聚居區域成爲巴基斯坦的旁遮普省，東半部（約四成領土）成爲印度教徒與錫克教徒的聚居地。領土分割與人民遷徙，使得錫克教徒在印度旁遮普的人數比例從原來的18%突然上升到30%。錫克教徒開始提出獨立的主張，這成爲1950年代之後出現的卡里斯坦（Khalistan）建國運動（Ghosh, 2003: 92）。

保障少數族群地位之政策

印度獨立後對少數族群的治理，大致上沿著兩條思路發展：第一是在聯邦制度下，設立以語言爲劃界標準的邦（見第一章），也就是少數族群能夠成立以自己族群爲主體的行政區，例如東北地區的Naga、Mizo、Khasi三族，分別成爲Nagaland、Mizoram、Meghalaya三個邦的主體民族；旁遮普邦也是依使用旁遮普語（Punjabi）的錫克教徒爲標準而設立，而喀什米爾也因爲多數居民爲穆斯林成爲印度唯一以穆斯林人口居多數的邦。第二是透過法律與政策，設計出一套能有效提升少數族群社會與經濟地位的制度，而這些法律多數是在憲法規範的原則下演變而來。以下將分別討論這兩種政策的發展結果。

語言邦制度與少數族群

在語言邦制度下，具有一定人口優勢的少數族群可能因此獲得建立自治邦的機會，成爲聯邦的一員。印度國土最東邊的那加部落是這類「就地合法」政策的案例。第一章曾提到，1948年當印度獨立時，那加人並不願意加入，還自行設立政府與之對抗，最後雙方談判結果，那加人同意留在

印度聯邦之中，但必須自治，因此聯邦政府在1963年正式同意讓那加地區由阿薩姆邦脫離出來，另外成立那加蘭邦（Nagaland）。在那加人獲得自治地位後，東北地區的其他部落深受鼓舞，也開始要求自治。有些部落為了達到目的，甚至主張脫離印度獨立，並組織游擊隊進行武裝對抗。最後在1972年，印度聯邦政府終於決定重新對整個東北地區重新劃界，依居民組成再劃分出米佐蘭姆邦（Mizoram）、曼尼普爾邦（Manipur）、梅加拉亞邦（Meghalaya），以及特里普拉邦（Tripura）。如以使用語言做標準，目前印度由少數族群所設立的語言邦共有7個，其中5個就位於東北地區。除了特里普拉之外，其他這些語言邦的主體民族至少都占該邦人口半數或以上（見表4-1）。

表4-1　印度部分少數族群所組成之語言邦

邦名	官方語言	主要的少數族群 / 占人口比例	該族群之宗教信仰
喀什米爾 Jammu and Kashmir	Urdu[17]	穆斯林 / 67%	伊斯蘭教
旁遮普 Punjab	Punjabi	錫克教徒 / 58%	錫克教
曼尼普爾 Manipur	Meitei	邁泰族 / 68%	印度教
梅加拉亞 Meghalaya	English/ Khasi, Garo	卡西族 / 49.5%	基督教或原始信仰
米佐蘭姆 Mizoram	Mizo	米佐族 / 67%	基督教
那加蘭 Nagaland	English[18]	那加族 / 87%	基督教
特里普拉 Tripura	English, Bengali, Kokborok[19]	特里普里族 / 16%	印度教

資料來源：印度政府網站，http://www.india.gov.in/knowindia/state_uts.php；作者自行整理。

17　烏都（Urdu）語是印度北部穆斯林所使用的語言，也是巴基斯坦的國語。
18　那加族有自己的語言，但其英語化程度很高，故該邦以英語為官方語言。
19　Kokborok是特里普里族所使用的主要語言。

在這7個邦中，主要的少數族群得以用自治的方式來保障其語言、宗教，以及其他文化上的權利。例如喀什米爾（Jammu and Kashmir）成為印度境內唯一以伊斯蘭教為主要宗教的邦；錫克教徒也成立以旁遮普語為官方語言的旁遮普邦；過去一直爭取獨立地位的東北各少數民族（Meitei、Mizo、Naga）也以自己的族名成立語言邦。這些語言邦內也都有比例不等的其他族群，其中以東北地區的特里普拉最明顯，該邦七成的人口是孟加拉語族，但卻是以特里普拉族命名的語言邦。不過語言邦制度最大的問題，是無法給予居住分散、人數較少的少數族群真正自治的權利。例如穆斯林人數占阿薩姆邦人口的30.9%，占西孟加拉邦人口的25.2%，但印度政府不可能再讓這些居民獨立建邦；在東北地區，部分少數族群因居住區域跨越到其他邦境內，導致兩邦政府間衝突不斷。其他人數更少的族群，也可能因為主體族群採取的語言政策而成為受害者。

其他保障少數族群地位的制度設計

語言邦制度固然保障了使用印地語以外族群的政治權利，但是對於印度教徒以外族群的保障則不夠明顯。事實上，在印度獨立建國之後，領導人為了強調其政治體制的世俗性，以與強調宗教立國的巴基斯坦區隔，一直致力於保障少數族群的權利與發展機會。1950年1月26日公布施行的憲法，可謂此種普世價值觀的產物。被喻為新憲法總設計師的安貝卡（B.R. Ambedkar）本身就是賤民出身，但努力擺脫種姓制度的枷鎖後成為著名法學家。在他所主持起草的印度憲法中，完整呈現出這個新共和國所擁抱的族群平等精神。其中關於保障少數族群權利的條文，主要包括所有人在法律上的平等權（第14條）、禁止對不同宗教信徒、種姓、種族、性別的歧視（15條）、所有公民在工作上的平等權（16條）。憲法第25至30條則詳列了對少數族群宗教及文化權利的保障，其中包括對宗教自由的認定及規定（25至28條）；保障少數族群文化及教育權（29條）；少數族群得以自行設立其教育機構，政府在給與補助時不得因其宗教、語言等原因有歧視性的

待遇（30條）[20]。

　　印度憲法公布之後，宗教上的少數族群給予相當高的評價，特別是當多數人對仍留在印度的穆斯林的忠誠度質疑的時候，憲法內容讓穆斯林對成爲這個新國家的成員產生一定的信心（Amhed, 2003: 122）。不過也有學者表示憲法的規定與實際執行的情況有很大的差距，印度獨立後仍然層出不窮的族群衝突似乎印證了這個說法（Khalidi, 1995: 5）。但憲法對保障少數族群權利最大的貢獻，是授權總統及印度政府制定一系列法律與政策，來禁止針對少數族群的歧視行爲，並改變少數族群的生存條件。這些包括：

　　一、訂定保護性法律（protective acts）：以法律來防止針對少數族群的暴力、禁止具有歧視性的習慣，以促進族群平等。例如1955年立法的賤民法（The Untouchability Practices Act），目的是落實憲法第17條的規定；這部法律在1976年被修正爲公民權利保障法（Protection of Civil Rights Act）；此外還有針對表列部落所所制定的表列種姓與表列部落法（Scheduled Classes and Scheduled Tribes Act，又稱暴力防治法，Prevention of Atrocities Act, 1989）[21]。

　　二、推動平等就業就學方案（affirmative actions）一般也稱爲保留制度（reservation policy）：由政府立法保障少數族群就學，以及擔任政府公職的機會，在高等教育與研究機構保留部分比例席次給少數族群。

　　三、提供發展機會：政府制定各項措施以提供少數族群發展之機會，例如提供發展基金、或在各級政府預算內提撥一定比例之金額，作爲提升少數族群的福利之用。各級政府內的特別預算提撥統稱爲特別部分計畫（Special Component Plan），中央政府另設有特別中央援助（Special Central Assistance）計畫（National Human Rights Commission, 2004）。

　　最後，印度聯邦政府也設置了「少數族群事務部」（Ministry of Minority Affairs）以及「國家少數族群委員會」（National Commission for Minorities）來負責少數族群相關事務。必須說明的是：這兩個部門所認定的「少數族群」，是在宗教信仰上與印度教徒不同的族群，如穆斯林、錫克教徒等。2005年印度總理辛格（Manmohan Singh）代表政府宣布「新

20　印度共和國憲法（Constitution of India）：http://lawmin.nic.in/coi/coiason29july08.pdf。
21　相關之法律很多，多數是立法禁止種姓制度對某一族群的歧視性行爲。

十五點少數民族福利計畫」（New 15-Point Programme for the Welfare of Minorities）。這個計畫的四大目標爲：

1. 提升教育機會；
2. 提升少數民族在經濟活動與就業上的平等機會，特別是透過執行中的計畫扶植其自我就業，或是在地方或中央政府中增加就業機會；
3. 保障少數民族基礎發展計畫，以改善其生存環境；
4. 防止或控制社群間衝突（Ministry of Minority Affairs, 2005）。

少數民族事務部是負責執行這個計畫的中央政府單位，而國家少數民族委員會的主要功能則是負責調解族群間糾紛、監督政府少數民族政策的計畫執行，以及提出相關報告等。

保障少數族群政策實施的情況

語言邦制度原本並不是爲了保障少數族群的地位，但是人口衆多且居住地集中的少數族群可以援引此一制度進行有效自治，因此可說是此一制度的獲益者。但是如同在第一章所言，印度聯邦制最重要的特徵是憲法賦予聯邦政府的極大權力，使得印度在政治發展上呈現出中央集權國家的特質，特別是聯邦政府藉口地方政治失序，直接介入地方衝突。反而增加少數族群與政府之間的衝突。

以錫克教徒爲多數的旁遮普邦就是這樣一個例子。1966年設邦之後，錫克教徒對自身在政治上的權力並不滿意，與國大黨政府之間的嫌隙漸深。1973年錫克教政黨阿卡里黨（Akali Dal）通過一份決議（稱爲Anandpur Sahib Resolution），要求中央給與錫克教徒更高度的自治，否則將脫離印度獨立建立「卡里斯坦」國，但國大黨政府並未妥善回應。到了1983年春天，激進的錫克教徒開始攻擊印度教徒與政府官員，當時總理英迪拉甘地援引憲法356條解散旁遮普邦政府，由中央進行接管。激進的錫克教徒在領袖賓德蘭瓦里（Bhindranwale）領導下，盤據在錫克教的聖地大金寺（the Golden Temple），進行全面武裝反抗。1984年6月，英迪拉甘地下令政府軍

對大金寺發動攻擊，稱爲「藍星行動」（Operation Blue Star），戰事進行達三天之久，造成千人死亡。雖然此一行動消滅了最激進的錫克教武裝勢力，但英迪拉總理也在當年10月遭錫克教衛士暗殺身亡，策劃該行動的陸軍參謀長維德雅（Arun Shridhar Vaidya）將軍也兩年後遭錫克教刺客暗殺。旁遮普邦在往後的十多年間陷入混亂，直到十年來情勢才明顯緩和，支持旁遮普獨立建國的運動也不再獲得溫和派領袖與人民的支持。目前（2016年）旁遮普邦仍由最高阿卡里宗黨（Shiromani Akali Dal）執政，這是一個以促進錫克教徒利益爲目的的宗教型政黨，該黨主席巴達爾（Sukhbir Singh Badal）也是現任旁遮普邦的副邦長。近年來該黨參加印度人民黨組成的全國民主聯盟，對抗走世俗路線的國大黨，因此在2014年選後巴達爾之妻（Harsimrat Kaur Bada）也獲邀加入莫迪政府的內閣（見第三章）。

在其他少數族群居多數的省份，類似的衝突也時有所聞，例如在2008年7月間，於喀什米爾首府斯里那加（Srinagar）所爆發的穆斯林與印度教徒之間的衝突造成多人死亡後，聯邦政府援引憲法356條解散喀什米爾地方政府，由中央接管[22]。其實聯邦政府對喀什米爾邦一直提供高額補助款項，該邦貧窮人口（2%～4%）也遠低於全國平均值（23%～27%），但反抗中央政府的運動仍然發生，這顯示中央政府對喀什米爾穆斯林的懷柔政策未能收到預期的效果[23]。在印度的東北地區，經過1972年的行政區重劃，此後本地成爲7個邦，讓少數民族享有自治權，但是反抗中央政府的游擊隊勢力仍然一直存在。而印度政府過去也擔心外國勢力會介入此地，扶植本地區的反政府勢力，因此限制外人進入東北部分地區[24]。其中情勢最嚴峻的是曼尼普爾邦、那加蘭邦，以及阿薩姆邦。其中阿薩姆的少數民族叛軍阿薩姆聯合解放陣線（United Liberation Front of Asom）在1990年代末期遁入不丹境

---

22 喀什米爾暴動的原因是喀什米爾邦政府決定將印度教聖地阿馬爾那特（Amarnath）的部分土地管理權移交給印度教徒組織，以便讓其建設讓印度教徒至該地朝聖的設施。此舉印發穆斯林大規模示威。Altaf Hussain, "Land protest shut down Kashmir," *BBC News* (June 26, 2008), http://news.bbc.co.uk/1/hi/world/south_asia/7474682.stm.

23 喀什米爾邦人口約占全國人口數的1%，但所獲得全國補助款卻占全國6%。

24 2008年6月時任印度外長慕克吉（Pranab Mukherjee，現任印度總統）訪問北京時，仍指稱印度政府在東北地區發現中國製武器，暗示中國介入該地區紛爭。〈印度國內噪音貫穿外長中國行〉，《新華網》，2008年6月10日，http://news.xinhuanet.com/herald/2008-06/10/content_8336436.htm。

內，導致不丹政府在2003年底發起一次軍事行動，將這些叛軍勢力逐出不丹。（Praveen Kumar, 2004）

在曼尼普爾邦，1964年就創立的反政府游擊隊「聯合民族解放陣線」（United National Liberation Front）至今仍持續進行騷亂，此外還有1977年成立的康勒帕克人民革命黨（People's Revolutionary Party of Kangleipak, PREPAK），以及那加武裝部隊[25]。

因爲東北地區不平靜，聯邦政府自1958年以來一直在這些地區執行有爭議的《武裝部隊特別權力法》（Armed Forces Special Power Act, AFSPA），該法授權安全部隊任意逮捕人民或進入民宅搜索之權力[26]。但這樣的行爲反而遭致更多的反彈，許多人權團體都要求廢除該法，但軍方至今仍持反對態度[27]。

至於上節所介紹的計畫與法案中，以就業平等就學方案的效果最爲直接，但爭議也最大。依照憲法規定，印度政府將各級政府公職及高等教育機構的名額保留22.5%給表列種姓與表列部落出身者，此一制度自1950年代實施以來堪稱順利。但在1979年人民黨（Janata Party）執政期間，總理德賽（Morarji Desai）任命前比哈爾邦首席部長曼德爾（B.P. Mandel），組成一個委員會研究如何認定落後族群，並設計出一套能保障落後族群就學就業機會的方案。曼德爾委員會在次（1980）年所提出之報告（稱爲Mandel Commission Report）建議在原來政府保留22.5%工作機會給表列種姓與表列部落的基礎上，再增加「其他落後階級」（Other Backward Classes, OBC）一項，並將保留工作的比例增加27%，使得所有政府職位的49.5%必須保留給具有落後種姓或部落身份者。當時委員會認定全印度共擁有3,743個落後的種姓與次種姓（sub-castes），其人數占總人口的半數，因此主張保留半數的政府職位給低種姓者始符合公平原則。此一建議引起高種姓階級的強烈反彈，因此提出後被政府束之高閣達十年之久。1990年8月，當人

25　康勒帕克（Kangleipak）是曼尼普爾邦的古名，早在11世紀該地就成立康勒帕克王國，一直到1824年成爲英國保護國，才納入英屬印度版圖。

26　除了東北地區外，旁遮普邦在1983年實行該法（至1997年停止），喀什米爾邦在1990年實行至今。

27　Sudha Ramachandran, "India's Controversial Armed Forces (Special Powers) Act," *The Diplomat* (July 2, 2015), http://thediplomat.com/2015/07/indias-controversial-armed-forces-special-powers-act/.

民黨（新）（Janata Dal）（見第一章）贏得選舉後，新任總理辛赫（V.P. Singh）宣布爲了實踐選舉承諾，決定將曼德爾委員會所建議的49.5%政府職位保留制度付諸實施。辛赫總理的決定引發高階種姓更大規模的反彈，在印度北部甚至出現種姓之間的暴力衝突，最後連執政聯盟內的其他政黨也不願表態支持其決定。不過政府公職的49.5%保留制還是在1991年國大黨重新執政後正式實施。

　　由於保留制度直接挑戰印度種姓社會的基礎，因此自提出以來一直引起各種爭議，除了1980年與1990年兩度由高種姓階級發起的大規模抗議之外（同時低階種姓也發起活動支持保留制度），2005年當印度政府決定將49.5%保留制擴大到醫學院、管理學院等高等教育機構時（將半數入學名額保留給低種姓學生），也引發全國各大學學生的群起抗議[28]。其實保留制度引發的衝突主要是高階種姓與低階種姓之間，但是印度政府在提出保留制度時，一併將少數族群的保留制度與提升印度教徒落後種姓的保留制度綁在一起，使得宗教（穆斯林等）與種族上（如表列部落）的少數族群成爲反對保留制度聲音下的受害者。

結論

　　印度內部的族群問題長久以來對政府的執政能力構成一定程度的挑戰，且少數族群對印度國家認同的弱化進一步助長了社會的分化趨勢。世界上許多國家的政府或領導人爲了鞏固政權，往往以強制手段來壓制反抗中央政府的運動，但此舉反而會激起社會上少數族群的反感甚至抗爭。執政者爲了維護國家安全（state security）所使用的手段，反而造成社會不安全（societal insecurity）（Roe, 2007: 164-181）。但是印度的狀況與其他有類似少數民族問題的威權國家不同：作爲一個民主但效率不高的國家，印度政府很難推行強制性政策來同化少數族群；且由於能分配的資源不足，任何保

28　"Students Cry Out: No Reservation, Please," *The Times of India* (May 3, 2006), http://timesofindia. indiatimes.com/articleshow/1513316.cms.

障少數族群的政策很難產生真正的效果，以致少數族群與多數族群（信奉印度教、主要說印地語）之間經濟能力與社會地位的差距仍然存在。少數族群持續感覺到其權利遭到漠視，進而以抗爭手段來抗拒中央政府的統治，在部分地區甚至出現大規模的社群暴力衝突。

這章討論了印度政府處理少數族群政策的兩種思路：一是建立語言邦制度，讓部分少數族群獲得實質自治的權利，但語言邦不能解決所有少數族群的發展及認同問題：人口較少且居住地分散的少數族群仍然面臨諸多威脅，但印度政府目前很難再讓更多的少數族群建邦自治。第二是透過法律與政策來保障少數族群社會與經濟地位，並具體表現在憲法對少數族群權利保障的條文，以及歷屆政府所制定的一系列法律與政策。包括保護少數族群的法律、為少數族群保留就業與就學比例的制度、以及提供基金與誘因鼓勵少數族群發展脫貧，提升經濟地位等。這些政策具有一定的效果，但因為許多政策同時也保障印度教的低種姓族群（表列部落與其他落後階級），以致在政策執行時遭到高種姓族群的反彈。

2004年到2014年國大黨執政期間，聯邦政府對於族群引發的衝突改採積極的回應策略，加上在歷經2008～2009年一連串恐怖攻擊之後努力打擊境內的伊斯蘭恐怖組織，使得穆斯林和印度教徒之間發生衝突的機率已經減少許多，2013年發生的Muzaffarnagar族群衝突是比較少見的例子。但是穆斯林社會經濟地位低於其他族群的情況並沒有獲得明顯的改善，族群間的小小紛爭很容易引發大規模的暴力衝突，成為印度民主政治發展最大的隱憂。

前言

　　印度自1947年獨立建國以來，一直將糧食安全（food security）作為國家發展的重要目標之一，但印度的龐大人口壓力，也是歷屆政府推行糧食政策最大的挑戰。根據聯合國所發表的《2011年世界人口情況報告》（The State of World Population Report 2011），印度的人口數量為12億4,000萬，並將在2025年達到14億6,000萬，取代中國成為全球人口最多的國家。其人口成長將持續到2060年的17億人之後才會趨於穩定（The United Nation Populations Fund, 2011: 4）。另外聯合國糧農組織所發表的一份報告指出，2010年全球食物不足人口的三分之二集中在7個國家（孟加拉、中國、剛果民主共和國、伊索比亞、印度、印尼、巴基斯坦），其中中國和印度兩國就占了40%（聯合國糧食及農業組織，2010：8）。為了餵飽眾多的人口，印度政府早已發展出全世界最大的糧食分配體系與貧童救濟計畫，希望透過政府援助的方式減少飢餓人口的數量。但要生產足夠的糧食，勢必要增加糧食作物種植的面積，如此一來可能對原本已經脆弱的生態環境造成更大的破壞，因此「糧食安全」與「環境安全」這兩個目標之間是否能存在平衡不無疑問。本章主要將探討印度的糧食安全問題、相關的政策，以及糧食生產與環境之間的關係，並嘗試回答兩個問題：一、印度政府在對抗飢餓、維持糧食安全的政策上是否算成功？二、考量到環境脆弱性以及社會變遷等因素，未來印度是否能生產足夠糧食來餵飽持續增加的人口？

　　以下第一節將先介紹印度的飢餓人口與人民的營養概況，以對印度的糧

1　本章最早收錄於那瑞維主編之「印度崛起」（2013）第四章，內容多有更新（陳牧民，2013，頁86-105）。

食安全體系有初步的認識。第二節將進一步討論印度政府對抗飢餓所採取的三項主要策略，包括增加糧食產量、糧食分配制度，以及改善貧童與婦女營養的相關計畫。第三節將從2007～2008年全球糧食危機對印度的衝擊來觀察印度近年的糧食政策。

印度的飢餓情況

依照聯合國糧食及農業組織（UN Food and Agricultural Organization，以下簡稱為聯合國糧農組織）的定義，「糧食安全」是指「所有人在任何時候都能在物質、社會和經濟上獲得充足、安全和富有營養的糧食，以滿足其積極和健康生活的膳食需求和食物偏好」。糧食安全與否的程度其實取決於「飢餓」（hunger）人口數量的多寡。「飢餓」的定義是：「當人們缺乏足夠的食物攝取，以致無法有足夠的能量與營養來正常生活的情形」。目前國際糧農組織採用的概念是「食物不足」（undernourishment），其定義是：「能量攝入低於最低膳食能量（minimum nutritional level）的要求。而最低膳食能量要求是指保證輕度體力活動和相對於一定身高最低可接受的體重所需的能量值」[2]。至於吃多少才達到最低膳食能量？印度政府在1973～1974年所訂的標準是城市居民每日攝取熱量2,100大卡、鄉村居民2,400大卡，這也是印度政府認定貧窮與否的標準。

作為全世界最大的發展中國家印度，飢餓的情況究竟有多嚴重？根據聯合國糧農組織所出版的《世界糧食不安全狀況》報告，印度營養不足的人口數從1990年的1億7,240萬逐漸增加到2007年的2億3,570萬，到2012～2004年則下降到1億9,000萬（聯合國糧食及農業組織，2010、2014）。如果加入人口增長的因素，其營養不足人數占總人口的比例則從1990年的20%略為上升到2007年的21%，到2014年再降到15.2%，這樣的表現有顯著進步，但如果與中國和其他發展中國家相比並不能說表現特別好（聯合國糧食及農業組

2　在聯合國糧農組織的報告中，「飢餓」與「食物不足」兩字往往互換使用（聯合國糧食及農業組織，2010：8）。

織，2010、2014）（見表5-1）[3]。印度政府所公布的《2011年印度人類發展報告》（India Human Development Report 2011）則呈現出更多令人不安的數據：例如全國5歲以下嬰幼兒營養不足的比例爲48%，這個數字是非洲撒哈拉以南（Sub-Saharan）地區26個國家平均數字（25%）的近兩倍；印度聯邦體制下的28個邦（Pradesh）中，只有7個邦的嬰幼兒營養不足比例低於撒哈拉以南地區國家的平均值（Institute of Applied Manpower Research, Planning Commission, Government of India, 2011: 7）。表5-2則是印度與其他金磚國和部分南亞國家之兒童營養狀況比較。表中的數字顯示印度兒童營養不良的情況不僅比巴西等同樣發展程度的國家還嚴重，甚至還遜於鄰國巴基斯坦、斯里蘭卡。例如2000至2007年間印度5歲以下兒童體重不足的比例爲43%，在南亞國家中最高。印度有三分之一的成年人身體質量指數（BMI值）低於18.5，也就是體重過輕。

表5-1　印度食物不足發生率與其他國家／地區之比較

	食物不足人數		增減比率	食物不足人數占總人口比例		增減比率
	1990～1992年	2012～2014年	目標＝-50%	1990～1992年	2012～2014年	目標＝-50%
發展中國家	9.994億	7.907億	-20%	23.4%	13.5%	-42.4%
南亞國家	2.917億	2.764億	-5.2%	24%	15.8%	-34%
印度	2.108億	1.907億	-9.5%	23%	15.2%	-36%
中國	2.889億	1.508億	-47.8%	23.9%	10.6%	-55.4%

資料來源：FAO, The Sate of Food Insecurity in the World 2014 Report (2014).

3　不過根據英籍印裔學者拉吉·帕特爾（Raj Patel）的説法，印度政府是以每日攝取熱量2,000大卡不到的標準來計算貧窮人口。如果依照每日攝取熱量2,400大卡的標準來計算，印度應該有3/4的人仍落在貧窮線下（Raj Patel, 2009: 58）。

表5-2　印度與其他國家兒童營養狀況值比較

	新生兒體重不足比例	5歲以下幼兒體重不足比例	發育遲緩兒童比例（中等及嚴重程度）
印度	28%	43%	38%
巴西	8%	4%	－
中國	2%	6%	11%
俄羅斯	6%	－	4%
孟加拉	22%	41%	36%
尼泊爾	21%	39%	43%
巴基斯坦	19%	31%	37%
斯里蘭卡	22%	23%	14%

資料來源：India Human Development Report 2011 (2011).

　　印度政府所公布的這些數字很容易讓人產生這個國家飢餓情形十分嚴重的印象。其實和過去相比，印度的情形並不能說完全沒有改善，例如發育遲緩兒童的比例已經從1992～1993年間的53%降為2010年的38%；印度的飢餓指數（Hunger Index of India，計算方式為食物不足人口比例、體重不足兒童比例，以及5歲以下兒童死亡率三者的平均值）也已經從1990年的31.7%降為2010年的24.1%；不同宗教社群之間（如印度教徒與伊斯蘭教徒）婦女營養不良的比例也沒有顯著的差異（即使伊斯蘭教徒的平均所得仍然比印度教徒低）（Institute of Applied Manpower Research, Planning Commission, Government of India, 2011: 122-124）。印度的問題在於不同地區或社會地位的團體（因經濟與社會地位不同所劃分出的不同群體）之間，營養不良或食物不足的情形有很大的差異。例如有5個邦出現成年婦女營養不良比例增加的趨勢，而這5個邦都是收入較低的地區[4]。兒童營養不足比例較高的邦也都是比較貧困的地區，例如有6個邦兒童營養不良的比例高於40%，而這些邦也都是印度人均收入較低的地區[5]。此外，表列種姓與表列部落（見第四章）人口的營養不良狀況也比較嚴重：半數以上表列部落兒童有體重不足

4　Assam、Bihar、Madhya Pradesh、Rajasthan、Uttar Pradesh。

5　Madhya Pradesh、 Jharkhand、Bihar、Chhattisgarh、Orissa、Uttar Pradesh。

或發育遲緩的情況；75%的兒童有貧血情形。即使在經濟發展程度較高的區域，如古吉拉特邦，表列種姓與表列部落婦女營養不良的比例仍然很高。

表5-3進一步呈現城鄉和飢餓之間的關係：從1980年代以來，印度城市居民每人每天平均攝取的熱量及蛋白質並沒有很大的差別，但鄉村地區卻有顯著下降。鄉村居民每日攝取熱量由2,221大卡下降到2,047大卡；蛋白質攝取量從62公克下降到57公克。如上所述，1980年代印度政府所訂出的貧窮線標準，是以城市居民每人每天攝取熱量2,100大卡、鄉村居民2,400大卡。雖然城市與鄉村的數據都沒有達到標準，但是鄉村未達標準的情形無疑比城市更嚴重。

由於南亞地區傳統上婦女的經濟社會地位較低，女性營養不良或食物不足的比例也比男性高出許多，婦女識字率低與在家庭地位的弱勢更助長了此一趨勢。印度北方的幾個邦是婦女受歧視最嚴重的地區，在這些地區由於公共衛生系統失靈，需要幫助的婦女更不知道如何獲得足夠的資源與正確的飲食，加上沒有足夠的知識來照顧兒童，使得此地區兒童營養不良的情形也比較嚴重。在印度，由於長期營養不良導致的貧血（Anemia）相當普遍，尤其存在婦女之間：2005～2006年的數據顯示在15～49歲之間的女性就有55.3%有貧血的情形，較1998～1999年增加3%。貧血不僅危害婦女本身健康，還可能進一步影響下一代。印度政府的統計也發現在鄉村地區貧血婦女發生的比例遠高於城市地區。在經濟發展程度越低的地區，婦女出現貧血的比例就越高。不過另一項研究也發現，即使在經濟條件最高的印度婦女之中，出現貧血的比例也有46%。因此貧血的原因不一定只與經濟條件有關，

表5-3　印度人均熱量及蛋白質攝取量比較

	熱量（大卡／日）		蛋白質（公克／日）	
	鄉村	城市	鄉村	城市
1983	2221	2089	62.0	57.0
1993～1994	2153	2071	60.2	57.2
1999～2000	2149	2156	59.1	58.5
2004～2005	2047	2020	57.0	57.0

資料來源：India Human Development Report 2011 (2011).

而還牽涉到婦女攝食的習慣。

　　圖5-1顯示了印度17個邦在2008年人均收入（GDP per capita）與飢餓情況之間的關係[6]。這些邦的人均收入介於11,589盧比（Bihar邦）與58,090盧比（Haryana邦）之間（全國的人均收入則是35,820盧比），而全國飢餓指數從最低的旁遮普邦（13.63%）到最高的中央邦（30.87%）（全國平均值為23.3%）。這裡我們可以大致看出一個負相關的趨勢：人均收入越高的邦，飢餓指數就越低。因此要徹底擺脫糧食不足國家的惡名，關鍵還是在經濟發展。不過在讓全國所有人都變得富裕之前，印度政府能做的主要還是增

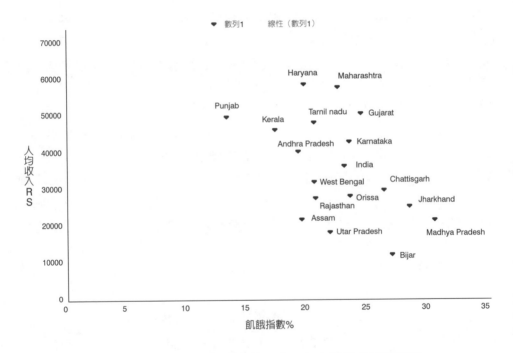

圖5-1　印度各省2008年人均收入與飢餓指數之間的關係

資料來源：*India Human Development Report 2011* (2011)；Press Release on India Per capita Income, Press Information Bureau (India), (August 4, 2011).

6　本文作者可以找到唯一列有各邦飢餓指數的資料是India Human Development Report 2011，而該資料只列出2008年的數據，因此只能以該年資料進行分析。

加糧食生產，並利用政府的力量減少飢餓人口的數量。以下將進一步介紹這些措施。

印度政府的作爲

在1920年代之前，由於饑荒、貧窮、與疾病所造成的高死亡率，抑制了印度人口的成長。隨著英國殖民當局開始改善印度的公共衛生系統，以及醫學進步使得傳染病致死的機率大大降低，此後人口就呈現緩慢的成長，也沒有再出現大規模饑荒[7]。事實上印度領導人非常清楚：如果無法生產足夠的糧食來餵飽新增加的人口，將可能出現所謂的馬爾薩斯災難（Malthusian catastrophe），因此自1947年獨立以來，歷屆政府都將對抗飢餓與貧窮列爲國家發展的重要目標[8]。印度政府對抗貧窮與飢餓的策略大致可以分爲三個部分：第一是設法增加國內糧食生產，達到自給自足的目的；第二是執行食物分配制度，以保證糧食有效且公平的分配；第三是透過大規模的援助計畫來改善兒童與婦女的飲食，減少營養不良人口的數量。以下將分別介紹這三種政策的內容。

增加糧食生產的概念得力於「綠色革命」（Green Revolution）的出現[9]。所謂綠色革命，指的是從1940到1980年代，科學家透過發展新的科學技術與種植方法，來提升糧食生產的一系列政策。這些新技術包括大規模灌溉、使用化學肥料與殺蟲劑，以及培育高產量的新糧食品種。其中菲律賓的國際稻米研究所培育出的IR-8矮種水稻其產量是傳統稻米的三倍，大大改變了傳統農業的面貌，因此被稱爲「奇蹟稻」。因爲有綠色革命，全球糧食

7　唯一的例外可能是1943年的孟加拉大饑荒。但是此次浩劫的主要原因是日本占領緬甸後英國禁止從該地區輸入稻米，並將印度農村生產的糧食優先供應城市居民及軍隊，最後導致200萬人死亡（Barbara and Thomas Metcalf, 2011: 291）。

8　18世紀末，英國經濟學家馬爾薩斯（Thomas Malthus）提出著名的人口論（或稱馬爾薩斯理論，Malthusianism），主張糧食增產的速度永遠跟不上人口自然增加的速度，因此每個人所分配的糧食數量將逐漸減少，未來世界各國將面臨糧食不足的情況。

9　綠色革命其實印證了20世紀經濟學家對原始的馬爾薩斯人口論進行修正，認爲透過技術的改良與資源的合理分配，人均糧食不足的情況將獲得改善，而不會出現馬爾薩斯所預測的悲觀情況（Homer-Dixon, 1999: 28-33）。

穀物產量從1950年到1984年增加了250%，人均糧食穀物分配量從1950年代的274公斤增加到1984年的342公斤（彭明輝，2011：148）。

　　1960年代之前，印度基本上必須藉國際援助來控制國內饑荒，1956年後更是完全仰賴美國的穀物援助。1966年英迪拉甘地（Indira Gandhi）上臺執政後，印度在美國政府的協助下展開綠色革命，引入包括IR-8在內的高產量品種（High Yielding Varieties, HYV），並整頓灌溉系統、使用化學肥料及殺蟲劑等，以提高單位面積產量。這個政策很快就看出成效：1966～1997至1970～1971年間，印度的糧食穀物產量就增加了35%；同時穀物進口量也從1966年的1,030公噸降到1970年的360公噸。1970年代，印度政府在西部發展二期化稻作，以埋設水管、利用地下水的方式來增加灌溉面積，使得過去只能種植附加價值較低作物的乾季也能生產小麥及稻米。這個政策可說相當成功：1970年代末印度農村已經達到自給自足的目標，並且自1980年代開始進一步推廣搾油作物、蔬菜、水果及畜牧業（柴田明夫，2009：121）。而印度全國的穀物存量，也從1967年的7,350公噸增加到1984年的1億2,880萬公噸。此數量讓印度正式擺脫過去在國際社會上「乞討」的形象，並且讓印度政府有能力應付極端的糧食短缺危機：1987～1998年間的大乾旱，印度基本上不需要靠國際援助就能自行應付（Chandra, Mukherjee and Mukhergee, 2008: 461）。而有印度穀倉之稱的旁遮普邦，其穀物產量從1965～1966年的300萬公噸提升到1999～2000年的2,500萬公噸。這個人口只有2,400萬人、占全國人口2%的省份所生產的糧食竟占全國生產量的12%以上（Raj Patel, 2009: 169）。

　　綠色革命毫無疑問地重新塑造了印度農業的面貌，使得這個人口數量龐大的國家首次實現糧食自給自足，甚至成為稻米出口國。不過到了今天，綠色革命的成果能否持續不無疑問。有學者指出綠色革命是以大量使用農藥、化學肥料及水為代價，長期過分利用土地的結果使土壤貧瘠化。因此全球穀物單位面積產量已經從1960年代的年增率3%減少到1990年代的1.5%，這顯示綠色革命的效果已經到達極限（柴田明夫，2009：74）。而拉吉·帕特爾（Raj Patel）則認為印度政府在綠色革命計畫中投入的龐大經費都集中在傳統上最豐饒的地區，而其他至少四分之三居住在較貧瘠地區的農民根本被排除在計畫之外，因此印度的綠色革命很難稱得上成功（Raj Patel, 2009:

166）。

　　印度的糧食分配制度稱爲公衆配給系統（Public Distribution System），這是一個將糧食及其他生活物資分配給窮人的一個大型配給網路。公衆配給系統的運作方式是政府將稻米、小麥、糖、食用油等糧食及燃油，透過四十餘萬家平價商店（Fair Price Shops）所設立的網路分配到需要的家庭[10]。公衆配給系統的起源是1940年代英國殖民當局發展出的一個糧食定量配給系統，1942年開始時只在7個城市執行，但到了二次大戰結束時的1946年，此系統已在全印度711個城鎮實施。1950年代印度政府利用此網路來不定期對都市進行糧食定量配給，1960年代後更進一步用這個系統來配給美國援助的糧食，在運作的高峰期，公衆配給系統可將1,880萬公噸的穀物分配給8,000萬以上的人口；而在1987年旱災期間，印度政府也靠著這個系統有效地控制饑荒蔓延（Raj Patel, 2009: 172）。

　　不過公衆配給系統的運作方式一直受到批評，主要是因爲多數被納入此系統的是城市地區，也就是政府把配給的糧食主要分配給城市居民，而最需要糧食援助的鄉村地區則被忽略。因此從1990年代初開始，印度政府嘗試對這個系統進行改革。在1997年開始實施的新制度，稱爲「指定公衆配給系統」（Targeted PDS），是將配給物資實施雙軌價格制：所得低於貧窮線的居民可以用較低的價格獲得米麥等糧食，而所得高於貧窮線的居民則適用比較高的購買價格。在這個新系統下，政府分配糧食的數量逐漸減少，從1997年的1720萬公噸減少到2001年的1,320萬公噸[11]。不過這樣的方式只是減少被不公平分配的糧食數量，並沒有真正能夠減少貧窮人口，因此2004年上臺執政的國大黨政府（即聯合進步聯盟UPA）後來又陸續推出新的改革措施，包括現金補助，以及2012年12月向下議院提出的「國家糧食安全法案」（National Food Security Act）。

　　「糧食安全法案」與之前「公衆配給系統」最大的不同，在於將補助對象的認定從原來的貧窮線以下（Below Poverty Line）的個人改爲以家戶

10　在2000～2001年時，全印度有46.1萬家平價商店在這個系統之內。見Budget of India 2000-2001, chap53, http://indiabudget.nic.in/es2000-01/chap53.pdf。
11　此數字是根據《糧食戰爭》（2009）一書而來。另根據作者查閱印度政府2001年預算書，1997～1998年公衆配給系統實際運用的米麥等糧食分配量是1,698萬公噸，2000年4～10月的數字是847萬公噸。

（household）為單位。其中最貧窮的家戶（以5人計算）每月將可獲得35公斤的低價糧食穀物，而一般類家戶則可獲得每人至少5公斤的低價糧食穀物。國大黨政府宣稱這個新制度可涵蓋全印度63.5%的人口（優先及一般兩類），包括城市50%的居民以及鄉村75%的居民。但是這個法案推出後就引起許多討論，其中比較大的爭議是「優先」及「一般」類家戶的認定方式不明確，而過去「公眾配給系統」最大的問題是許多窮人根本拿不到補助糧食，因此後來國大黨政府將有爭議的條文進行大幅修改，最後在2013年8月由國會表決通過並付諸實施。到2014年國會大選前，已有11個邦被納入糧食安全法案的保障體系內。

　　為了減少營養不良貧童的數量，印度政府自1975年開始推動「整合兒童發展服務」（Integrated Child Development Services, ICDS）計畫，目的是提供生活在貧困環境中的6歲以下兒童、懷孕及哺乳期間婦女、以及年輕女性基本的營養補助及醫療照護。透過全國廣設的庇護所（Anganwadi Centers），這個計畫提供了包括了疫苗注射、健康檢查、營養補給及衛生教育等服務。其中的「附加營養計畫」（Supplementary Nutrition Program）對6歲以下貧童及女性提供額外的營養補給。在2007～2008年被納入「附加營養計畫」的貧童人數已達6,800萬，這個數字大約是全國需要幫助兒童人數的六成；而未被納入的四成兒童，其中又有半數根本完全被排除在庇護所的照護能力之外。因此在2006年印度最高法院下令「整合兒童發展服務」計畫必須普及化，從那時之後，庇護所的數量才有顯著的增加。不過迄今為止懷孕及哺乳期間婦女接受「附加營養計畫」的人數仍然很少：2007～2008年只有1,400萬婦女被納入「附加營養計畫」，占全國總數的35%（Institute of Applied Manpower Research, Planning Commission, Government of India, 2011: 140）。

　　2006年印度最高法院要求政府確實執行「整合兒童發展服務」的命令，的確給政府相當大的壓力，不過卻也造成反效果：中央與地方政府官員刻意謊報數字以規避政治責任。例如2009年婦女與兒童發展部（Ministry of Women and Children Development）所發表的一篇報告中，稱全印度只有0.4%的兒童處於嚴重營養不良的狀態，只有13.07%的兒童輕度營養不良，這個數字與2005～2006年印度第三次全國家庭健康普查（National Family

Health Survey-3）的數字（15.6%兒童嚴重營養不良、40.4%輕微營養不良）差距實在太大。不過這也看出減少貧童計畫的諸多缺陷：首先是計畫人員刻意謊報或低報數字；二是許多庇護所根本沒有將必須援助的兒童納入計畫；三是「整合兒童發展服務」與印度政府健康部門之間缺乏協調。此外，所有援助計畫都將目標放在供應糧食，而沒有追蹤這些貧童及婦女的健康狀況，追根究底就是如何加強現有計畫的執行能力。其實印度政府也知道這個問題，因此在一份提交給最高法院的報告中，將如何有效執行這些計畫列爲改進的目標[12]。在2013年通過的「糧食安全法案」已特別將兒童與懷孕及哺乳期間之婦女納入新的保障體系。

印度的糧食政策：成功或失敗

維持糧食安全一直是印度國家發展的重要目標之一。而要達到糧食的自給自足，首先要看印度糧食生產的能力。印度國土總面積約半數爲耕地，比例遠高於其他人口大國（中國耕地面積爲10%、日本則爲12%）。不過印度的農村人口占總人口的70%以上，加上大部分貧窮人口都居住在農村，因此農業生產穩定與否不僅關係國家政治與社會的穩定，更是解決貧窮問題的關鍵。印度的穀物全年產量約爲2億3,390萬公噸（2008～2009年數字），其中東部主要生產稻米，年產量約爲8,000至9,000萬公噸，占四成；小麥生產以西部各邦爲主，年產量爲6,000至7,000萬公噸；其他主要作物爲雜糧（15%）與豆類（5%）。這樣的產量不僅能讓印度自給自足，還有餘力對外出口糧食。過去印度只對中東地區出口小量高級印度香米，但在1994年時，爲了降低糧食庫存量的成本而決定將過剩稻米出口。當年印度稻米出口量就高達420萬公噸，一躍成爲僅次於泰國的全球第二大稻米出口國（柴田明夫，2009：123）。在2002～2006年之間，印度出口的稻米大約占全球市場的17%（Adam Prakash, 2011: 167）。而印度自1970年代就不再從國外進

12　相關措施包括政府核准設立的庇護所必須在三個月內正式運作，政府編列足夠的預算使整合兒童發展服務計畫能夠被切實執行，建立獨立監督單位以檢查各單位數字是否有謊報或浮報的情形（*India Human Development Report 2011*, 2011: 141）。

口糧食，因此從宏觀的角度來看，印度的確已經達到糧食自給自足的目標。

　　不過這項讓印度感到自豪的糧食安全近年來已經出現變化。2007到2008年間，全球曾面臨了一次大規模的「全球糧食價格危機」（global food price crisis），這是繼1973～1974年世界上出現首次糧食危機之後，最大規模的全球性糧食短缺。在埃及等國，人民因缺糧而上街示威，抗議運動後來進一步觸發民主革命，最後導致威權政府垮臺。這次糧食危機主要表現在糧食穀物價格全面上揚：其中玉米的價格較2007年上漲了一倍，小麥的價格也漲至28年以來最高[13]；稻米的價格在2003年為每噸198美元，2007年底已漲至360美元，2008年3月底更漲為760美元。在這段期間，全球糧食儲存量只剩57天，已經低於世界公認的70天安全標準[14]。南亞是這次全球糧食危機中受影響最大的區域，因為多數南亞國家都是糧食進口國。其中巴基斯坦的糧食價格在一年內上漲了兩成，導致全國將近半數人口（8,000萬人）面臨糧食匱乏的情況；孟加拉在危機期間缺少300萬噸的稻米與150萬噸的小麥。印度雖然沒有出現大規模糧荒，但在這次糧食危機中受害程度並不亞於其他南亞國家，主要是因為2006年印度小麥因氣候異常減產，因此出現多年來首次糧食庫存量不足的問題。除了首次從國外進口670萬公噸小麥應急，2008年4月，印度政府乾脆宣布停止稻米出口，這個決定進一步帶動國際市場稻米價格的上漲，讓糧食危機更加惡化。

　　2007年至2008年的糧食危機其實顯示了印度目前糧食政策的許多問題。第一是農業部門的萎縮：從1950年代初到2005～2006年間，印度每人平均糧食穀物產量大致維持了0.4%的年增率，這樣的增長速度使印度基本上達到糧食自給自足的目標。但人均糧食穀物產量在1997年到2007年間減少了0.7%。這與農業部門逐漸萎縮有很大的關係：印度農業部門的成長率在1991年為4.69%，到了1997～1998年下降為2.6%，2002～2003年間更降為1.1%（Sadar, 2009: 34-57）。糧食作物產量從1986～1987年到1996～1997年之間的平均成長率為2.93%，但從1996～1997年到2007～2008年卻降為0.93%，下降的趨勢非常明顯（S. Mahendra Dev and Alakh N. Sharma,

---

13　"The World Food Crisis," *The New York Times*, (April 10, 2008), http://www.nytimes.com/2008/04/10/opinion/10thu1.html?_r=0.

14　關於2007～2008年間全球糧食危機的情況，請參閱彭明輝，2011：46-58。

2010）。但是這個時期也是印度開始走向市場經濟的階段：因此印度一方面藉著經濟自由化政策而出現6%以上的高經濟成長率，但農業在國內生產毛額所占的比重卻快速下降。從1984～1985年間的35.2%降爲2004～2005年間的20.5%（同時期服務業占GDP的比重從38.7%上升到57.6%）。農業部門萎縮的結果，是農民比以往更難獲得政府的支持及資金，農民的收入比以往更少。此外印度近年來飽受通貨膨脹之苦，2008年糧食危機期間印度國內的年通貨膨脹率達8%。在面臨通貨膨脹、食物價格全面上漲的情況下，農村所受到的衝擊更深。糧食危機與農村困境兩者結合，成爲難以解脫的惡性循環。這也可以解釋何以近年來印度農民自殺比例居高不下，納薩爾毛派游擊隊（見第三章）仍然活躍於農村而無法徹底根絕。

第二是政府的錯誤決策可能導致糧食問題更加惡化。在2001～2002年到2004～2005年間，印度仍然出口了1,240萬噸的小麥，但在2006年小麥因氣候異常減產時，印度政府爲了抑制國內價格與增加庫存量，首次決定允許美國小麥進口。當年3月，美國小麥商協會（US Wheat Associates）首度宣布將對印度出口300萬噸的小麥。6月底印度政府正式同意將小麥的進口關稅從60%調降爲5%（印度國營貿易公司State Trade Corporation of India的適用稅率更降爲零）。到年底時，印度國內小麥總產量約爲6,900萬公噸，另外從國外進口670萬公噸（其中由美國進口了550萬噸），進口小麥的價格爲每噸178.5美元到228.94美元之間。2006年6月，印度政府以價格太高爲由，放棄了一項以每公噸263美元爲議價標準的小麥進口合約，但是在40天之後，卻以每噸325.59美元新簽訂了一項新合約——進口51萬噸小麥。9月時印度政府又以每噸389.45美元的價格簽約進口79.5萬噸小麥。到了2007年底時，印度總共進口了180萬噸小麥，其平均價格是前年度的兩倍，但當年印度小麥產量爲7,482萬噸，比前一年增加了8%。這顯示印度國內的小麥產量其實已經足以應付前（2006）一年度所不足的數量，但是政府卻以市場價格兩倍的金額簽約進口國外小麥。政府以高價進口小麥的結果使國內小麥與麵粉的價格跟著上揚，更加重了窮人的負擔（Afsar Jafri, 2008）。

第三個問題是印度社會的變化趨勢，包括人口增加以及飲食型態改變等對糧食體系的衝擊。學界的相關討論可以整理出兩個相反的觀點。第一是根據過去其他國家發展的經驗，得出印度每人消耗的糧食穀物一定會上升

的預測：印度目前每人每年的穀物消耗量為160～180公斤，和先進國家每人每年平均消耗量300～400公斤相比仍然偏低，而所得最低的階級穀物消耗量更是只有116公斤。根據過去的經驗，如果一個社會經濟持續發展，所得提高，每人平均消費量一定也會跟著增加（柴田明夫，2009：124）。而另一個由印度樂施會（Oxfam India）所發表的報告則發現過去四十年來，印度每人平均穀物消耗量已有逐漸減少的趨勢：1970年代初，鄉村地區家庭支出的29.49%用於購買糧食穀物，到2004～2005年時這個比例已經降為12.49%；城市地區下降的趨勢則更為明顯（從21.58%降為10.21%）。但同一時期，印度對其他食物（糖、食用油、肉類）的需求卻逐漸上升。因此即使穀物消費量減少，只要飼料的消費量持續增加，最後整體穀物的消費量也會增加（S. Mahendra Dev and Alakh N. Sharma, 2010）。即使這兩份研究對於印度未來糧食穀物的人均消耗量有完全相反的預測，但是卻都預測印度整體穀物消耗量將會持續上升。

　　第四個問題是環境問題對糧食生產的影響。隨著都市化進程的加快，印度有越來越多的土地被轉為都市與工業用地，而過去因為大量施肥與灌溉的土地也變得更貧瘠，加上超抽地下水源與氣候異常等因素，因此有學者預測未來印度的農業產量一定會逐漸下降（彭明輝，2011：143-144）。世界銀行於2010年所發布的「世界發展報告」（World Development Report of 2010）也對南亞的自然環境提出這樣的評價：「南亞國家普遍面臨自然資源不足的問題，並伴隨著大量貧窮且稠密的人口使問題更加惡化。其中水資源匱乏的問題比較嚴重。由於此地的水資源有七成來自季節性的雨量（其餘主要來自喜馬拉雅山的雪水），氣候變遷會直接影響水源的取得，而海平面上升及沿岸水分鹽化的問題，也可能危害居住在沿岸居民的生命及財產安全。在最嚴重的情況下，海平面上升將導致馬爾地夫這類國家完全被淹滅，或是孟加拉全國18%的土地即將消失」（World Development Report 2010）。可見自然資源減少與生活環境的惡化不僅是所有南亞國家未來的共同挑戰，對擁有最多人口的國家印度而言，如何在保障糧食安全與維護環境安全中求取平衡，更是一項艱難的任務。

結論

　　過去幾十年來，印度政府在減少飢餓人口、維持糧食安全上的確作出許多努力：對一個擁有世界第二多人口的發展中國家來說，能夠在糧食生產上達到自給自足、並且在發生饑荒時不需仰賴國際社會救援已經是相當了不起的成就。不過這樣的表現離國際社會公認設定的目標還很遙遠：1996年聯合國舉辦首屆世界糧食高峰會（World Food Summit）時，曾訂下要在2015年前將食物不足人口數減半的目標。依照這個標準，全球食物不足的人口應該在期限前減少到4.2億人，但是2014年時，全球食物不足的人口總數仍有8.05億（減少幅度為20.6%），其中印度就占了約1.9億人。雖然較1990年初期已經減少了約2,000萬人，但是同時期中國飢餓人口數卻減少了1.38億人（減少了47.8%），表現比印度好很多（見表5-1）。

　　在2014年政黨輪替前，國大黨政府針對糧食安全的主要對策集中在如何繼續增加糧食生產，與擴大社會救濟網絡兩個部分，前者主要是引入基因改造作物來「再造綠色革命」[15]；後者則是在原有的救濟體系（公眾配給系統、整合兒童發展服務、附加營養計畫等）基礎上提出新的計畫（例如制定國家糧食安全法案），但這些政策並非獲得全國一致的支持爭議[16]。當時的反對黨印度人民黨領袖莫迪極力反對「國家糧食安全法」，甚至宣稱該法案通過會讓全國陷入營養不良[17]。這主要是因為國大黨與印度人民黨的執政思維不同，前者較強調擴大福利政策來照顧窮人，而後者比較希望以經濟發展來改善貧窮。但是2014年莫迪上臺執政後，並沒有減少「國家糧食安全法」的預算，反而繼續推行這個計畫，到2015年底為止，納入這個計畫的邦已經從11個增加到25個。消費者事務、食品與公共分配部部長帕斯萬（Ram Vilas Paswan）在今（2016）年初，宣布國家糧食安全法將在一年內

---

[15] 2008年時印度基因改造作物占全球所有基改作物耕地的6%，次於美國、阿根廷與巴西。

[16] 2010年印度環境部以不確定是否對環境有害為由宣布禁止基因改造茄子的商業化種植。Pallava Bagla, "After Acrimonious Debate, India Rejects GM Eggplant," *Science* (February 12, 2020), http://www.sciencemag.org/content/327/5967/767.full.

[17] "Narendra Modi says Food Security Bill will push India toward malnutrition," *India Today* (August 13, 2013), http://indiatoday.intoday.in/story/narendra-modi-food-security-bill-will-push-india-toward-malnutrition/1/299391.html.

推行到全國[18]。能否消滅飢餓人口、保障糧食體系安全似乎是印度成為世界強權之前最大的障礙，但莫迪政府對於解決這個問題充滿信心。

18　"Entire country to be covered under Food Security Act by April: Paswan," *The Hindu* (January 26, 2016), http://www.thehindu.com/news/national/other-states/entire-country-to-be-covered-under-food-security-act-by-april-paswan/article8153124.ece.

前言

　　印度擁有全世界16%人口，經濟成長快速，對能源的需求十分可觀。美國學者克雷爾（Michael T. Klare）在《石油的政治經濟學》（2008）一書中早就預測未來二十五年全球能源需求總增幅，會有近一半來自印度與中國兩國。他在書中引用美國能源部的數據資料，推算出印度在2004～2030年之間，每年能源消耗量的成長率爲2.8%，這個數字是美國的三倍，歐洲富裕國家的七倍。當時他估計到了2030年，印度的能源消耗量大概在世界排名第四：僅次於美國、中國、俄羅斯（克雷爾，2008：102、121）。當時這樣的估算已經被認爲十分大膽：2006～2008年印度經濟成長率最高時，其能源消耗爲全世界第六名，後雖受全球金融風暴的影響，經濟成長率略微下降，因此外界認爲印度的能源需求成長幅度應該會減緩。但是到了2014年，已經有統計顯示印度已擊敗俄羅斯，成爲全球能源消耗第三名（Global Energy Statistics Yearbook, 2015）。雖然目前人均能源消耗量不高（在世界銀行統計的137各國家排名109），但因爲起點很低，如果經濟快速發展，未來能源消耗量將十分可觀，甚至會超過中國（Powell, 2015: 18）。

　　在印度所有能源消耗中，又以機動車燃料及家用電力需求的成長特別顯著，這與近年來印度家用車數量增加與城市經濟發展快速有關。2006～2008年的全球油價上漲曾經重創印度經濟，當時印度進口原油價格在兩年內從一桶90美元上漲到一桶130美元，當時執政的國大黨政府決定大幅提高汽油售價以減少虧損，造成國內各地瘋搶汽油，經濟也因此嚴重受創，GDP成長率從2007年的9.8%跌到2008年的3.9%[1]。

1　C. P. Chandrasekhar, "Oil Shock," *Frontline*, Vol. 25, Issue 13(Bi-Weekly, 2008), http://www.frontline.

　　本書作者在2012年初前往新德里進行三個月駐點研究時，發現幾乎所有受訪的印度學者都認為這個國家未來發展的首要挑戰是能源，但多數人也表示這個問題並不只是單純減少石油進口依賴程度就能解決，這主要與印度國內的能源消耗結構有關。2014年的統計數字顯示：目前煤仍是印度國內能源消耗的最大來源，占總能源消耗量的56%，但所產生的污染問題也最為嚴重；石油目前占印度能源總消耗量的28%成左右，主要作為機動車之燃料。天然氣占總能源的7.1%，水力發電占4.6%，核能占1.22%（見圖6-1）（BP Statistical Review of World Energy, 2015）。雖然石油並非能源消耗的最大宗，但由於有80%是進口而來，使得印度在2014年已成為全世界第三大石油進口國（僅次於美國、中國）（International Energy Agency, 2015）。除石化燃料外，目前印度也致力發展其他的能源供應。在核能方面，目前

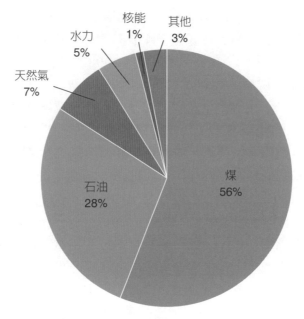

圖6-1　印度能源使用比例（2014年）

資料來源：BP Statistical Review of World Energy, (June 2015).

in/static/html/fl2513/stories/20080704251300400.htm.

該國共有21座已經完成且運轉的核子反應爐，能產生5,302百萬瓦（MW）的電力，約占全印度發電能力的3～3.5%（World Nuclear Association, 2016）。除了水力發電之外，其他再生能源中比較成功的是風力發電：根據2009年10月的統計數字，全印度已安裝風力發電量為11,806.69百萬瓦，居世界第五名。這顯示印度發展風力發電的企圖心十分明顯，但其成效仍有待提升。如果不包括水力以外的再生能源，預估到2025年印度的各類能源消耗比例將會是：煤50%、石油25%、天然氣20%、核能3%、水力2%（見圖6-2）（India Hydrocarbon Vision 2025）。

　　對印度而言，能源安全其實是一個包括維持海外能源供應、穩定國內價格、減少排放污染、提升能源使用效率、與如何發展有效替代性能源的複雜概念。限於篇幅緣故，本章只能對印度的能源狀況與對策進行初步的探索。以下第一節將介紹四大傳統能源使用現況（石油、天然氣、煤、水力）；第二節進一步討論印度的替代性能源，特別是核能、綠色能源等產業發展狀況；最後一節將介紹印度的能源政策所面臨的挑戰。

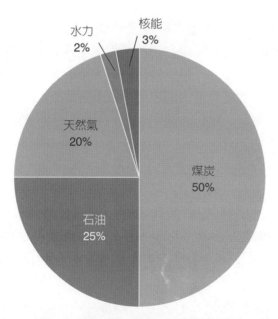

圖6-2　預估到2025年印度能源使用比例

資料來源：India Hydrocarbon Vision (2025).

印度的能源使用狀況

石油與天然氣

　　印度能源最短缺的是石油與天然氣。印度本身的油源非常稀少，其石油蘊藏量大概只占全球的0.5%，天然氣蘊藏量也只有0.6%，但這二者的消費量卻分別占全球的3.1%與1.4%（Sikri, 2009: 205）。在2009年時印度石油約有七成仰賴進口，到2014年已上升至八成，估計到2030年進口比例更會高達九成。因此雖然石油僅占其能源消耗量的三分之一，但卻是其能源安全最重要的一環。印度進口的石油有三分之二來自中東地區，其中沙烏地阿拉伯占20%、伊拉克14%、伊朗6%、其他地區如波斯灣國家22%；在中東以外地區，委內瑞拉與奈及利亞則分占12%與8%（Powell, 2015）。近年來印度積極與其他國家（如緬甸、越南、俄羅斯）合作開採原油，希望能夠獲得穩定的石油來源，但其實並不能改變印度仍然必須仰賴波斯灣進口原油的基本情況。

　　過去人類在開採石油的過程中發現天然氣，但早年因為不知如何儲藏運送，因此被認為是無用之物。現在情況已經完全改觀。主要原因是天然氣被視為較為清潔的能源，且儲存運送技術已經大幅改進，因此成為近年來熱門的能源選項之一。天然氣目前占印度能源總消耗的7.1%，其中18%仰賴進口，主要是以液化天然氣（Liquefied Natural Gas, LNG）的形式[2]。全球天然氣蘊藏主要集中在俄羅斯、卡達（Qatar）、伊朗三國[3]。如果將地理位置與成本列入計算，印度的合作對象主要是卡達與伊朗。印度自2004年開始從卡達進口天然氣，過去幾年來印度也嘗試與伊朗談判進口液化天然氣，另外一個可能性是建立伊朗經巴基斯坦到印度的天然氣管線（稱作Iran-Pakistan-India Pipeline）。但是這個選項卻因為政治因素而無法實現：前者主要是美國反對，後者牽涉到印度的宿敵巴基斯坦。2015年伊朗核武談判

2　天然氣處理的方式是建立長距離的天然氣管線（pipeline）或以高壓將其轉化為壓縮天然氣（pressured natural gas）以便儲存或運送；近年來有以低溫方式成為液化天然氣（其體積只有氣化的六百分之一），逐漸成為熱門的天然氣儲存與運送方式。

3　這三國的天然氣蘊藏占全球的六成左右（Joshi, et. al., 2011）。

出現進展之後，印度未來有可能與伊朗重新談判進口液化天然氣[4]。

　　使用天然氣最大的利益在於對環境的衝擊較少，能有效減少碳排放程度。目前印度碳排放量有58%來自能源使用，工業及農業則分別占22%與20%。以總量來說，印度已經是全球第五大碳排放國，因此改用天然氣等清潔能源必定是印度能源發展的未來趨勢，不過除了供應來源不確定之外，印度使用天然氣最大的問題在於終端消費者過於分散、沒有形成組合的結構，且政府沒有單位整合並負責天然氣業務，也缺乏基礎設施。在2012年時印度已有70萬機動車輛使用天然氣做爲燃料，未來至少有十倍的成長空間，但是由於目前所有天然氣供應管線都在西部各邦，東部從西孟加拉邦到泰米爾納度邦則完全沒有[5]。

煤

　　煤目前仍占印度總能源消耗的一半以上（2014年數字爲56%），而且此一趨勢短期內不可能改變。印度的煤產量占全球第三（8.4%，僅次於中國與美國），但因爲其本身的煤礦主要集中在東部地區，且品質不佳，因此進口煤的成本反而更便宜，這讓印度成爲全世界第二大的煤進口國（僅次於中國），2014年進口量高達2億3,800萬噸[6]。火力發電是煤的主要用途，這也讓印度成爲全球第三大使用煤進行發電的國家（僅次於中國與美國）。也因此在所有電力供應來源中，煤所占的比例最高（見圖6-3）。除了能源之外，進口煤炭的另一個用途是煉鋼，據估計印度鋼鐵業所使用的煤炭有65%仰賴進口，因此煤的來源與價格穩定對印度而言，不僅是能源安全問題，也有關國家的經濟發展。

　　正因爲煤對印度的能源與經濟發展非常重要，因此印度政府一直對

4　"Re-calibrating Iran-India Energy Ties," *IDSA Comment* (November 10, 2015), http://www.idsa.in/idsacomments/iran-india-energy-ties-gas_sdadwal_101115.

5　2012年1月12日在德里出席 觀察家研究基金會（Observer Research Foundation）所主辦之「進擊天然氣：機會與挑戰」工作坊（Workshop on Dash for Gas: Opportunities and Challenges）所獲得之資訊。Dash for Gas（進擊天然氣）是1990年代英國各民營電力公司決定改採天然氣供電時所使用的政策口號。

6　"2015 Key World Energy Statistics," *International Energy Agency*, http://www.iea.org/publications/freepublications/publication/KeyWorld_Statistics_2015.pdf.

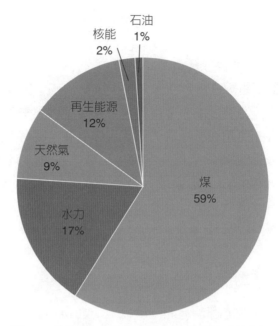

圖6-3　印度電力產出所使用的各類能源比例

資料來源：Power India, India's *Installed Power Capacity* (September 2013).

於開採與管理煤礦擁有極大的權力，內閣部會中還有煤礦部（Ministry of Coal），主要掌管全國煤礦資源的開採與管理，煤礦部直接監督國營的印度煤礦公司（Coal India Inc., 該公司為全世界最大的煤礦公司）。2012年間，印度爆發一起巨大的煤礦弊案，審計署（The Comptroller and Auditor General of India）發現政府自2004年以來未依標準程序進行煤礦開採合約招標，而是將煤礦開採權以極低廉價格交由民間公司承包，損失金額高達1兆700億盧比（約合1,600億美元）。此事引發全國譁然，當時印度總理辛格遭到各界責難，被迫做出如果調查有罪他將立刻辭職的承諾。在野的印度人民黨也利用此機會大肆批評執政黨的無能[7]。

7　關於此一弊案的發展過程，可參考《印度教徒報》（*The Hindu*）在2015年3月12日的專題
　　報導：What's the coal scam about? *The Hindu* (March 12, 2015), http://www.thehindu.com/news/
　　national/whats-the-coal-scam-about/article6983434.ece.

水力

在1960年代中期，水力發電曾經占印度全國總發電量的46%，不過到目前大概只剩下15%[8]（見圖6-3）。其實印度的水力資源十分豐沛，其發電潛力占全球第五名，目前（2015年數字）的總發電量是41,000百萬瓦，建造中的水力發電裝置也13,000百萬瓦的裝載發電量。水力主要的應用在發電，因此即使印度全力開發其水力資源，對提升整體能源供應的效果有限，大概是2%左右，但是如果純粹就提升電力供應量來看，效果就會非常明顯。加上印度本身具有十分豐沛的水力資源（主要來自喜馬拉雅山區的雪水），且水力發電被認為是不會像火力發電那樣增加碳排放問題，因此一直有學者大力推薦水力發電，認為這是印度所有能源來源最具有優勢的項目（Sikri, 2009: 200-201）。迄今印度的水力發電的發展一直落後於其他能源，這主要是因為水力發電計畫的規劃與執行通常需要很長的時間，包括建造水壩主體與居民重新安置等都是龐大的工程，而且對環境所造成的衝擊也很大，因此各類新電廠計畫進行的並不順利，舊電廠則一直延長使用期限。目前印度的水力發電廠計畫幾乎都是由政府投資興建，近年來的政策改為吸引民間投資參與興建，但效果並不明顯。在受阻的水力發電計畫中最受矚目的是流經中央邦與古吉拉特邦的訥爾默達河（Narmada River），這是印度水量最充沛的河流之一，但是自從1970年代中央政府決定沿線興建水壩以來，沿岸居民抗爭不斷，已經發展成為大型的社會運動（稱之為Narmada Bachao Andolan），連寶萊塢影星都表態支持。類似反對建壩的抗爭運動在印度其他地方也看得到，這顯示印度在積極開發水力資源的同時，很難兼顧居住正義與環境保護[9]。

8　"Hydropower: Down to a Trickle," *Indian Express* (June 10, 2015), http://indianexpress.com/article/india/india-others/hydropower-down-to-a-trickle/.

9　印度開發水力資源的另一種方式是與鄰國（尼泊爾、不丹、緬甸）共同發展水力發電。關於印度與尼泊爾之間在水力發電上的合作，國內已經有研究者進行初步探索（鄭欣娓，2015）。

新能源之發展狀況

　　印度政府對於能源短缺的狀況早有警惕，計畫委員會（Planning Commission，過去計畫經濟的產物）曾在2006年8月提出一份「整合能源政策報告」（Integrated Energy Policy Report），是迄今為止印度政府對能源政策最為完整的規劃。報告中做出到2031年為止印度能源供應的預測，將所有可能的能源供應方式及最大供應量都列舉出來。除了傳統的水力發電、煤、石油、天然氣之外，其他的能源供應方式包括核能（nuclear energy）與再生能源（renewable energy）兩類。後者的選項包括風力（wind power）、太陽能（solar power）、生質能源（biomass energy）等，以下將擇要介紹。

核能

　　核能發電是印度政府全力發展的項目，但過去因違反核不擴散條約進行核子試爆遭受國際制裁。印度的核能發電技術與其核武計畫密不可分，早在1957年印度政府就在特洛貝（Trombay）設立一座核武實驗室，由曾在英國進行研究的著名核子物理學家荷米巴巴（Homi Bhabha）負責。計畫一開始進行的相當順利，1965年時荷米巴巴甚至宣稱能在18個月內進行原子彈試爆。不過後來由於政治與經濟等因素，印度並沒有真的造出原子彈來[10]。1974年，當英迪拉甘地擔任總理時，印度曾經進行過一次代號為微笑佛陀（Smiling Buddha）的核子試爆，不過對外宣稱這是一場「和平」的核子試驗。在此後的十多年，印度的核子計畫沒有任何進展，而其領導人也持續在

---

[10] 在1960年代，印度曾經兩次面臨是否應該繼續發展核武的抉擇，而印度政府在這兩個時間點上最後都選擇不要核武。第一次是1964年，在中共成功試爆原子彈成功之後，印度國內開始有一些人主張應該加速原子彈計畫。兩年前（1962年）印度才剛在邊界戰爭中敗於中共之手，如今宿敵又研發出強大的原子彈，對印度的國防構成很大的壓力。不過由於國內有很強的反對聲音，印度政府最後只做出發展原子能和平用途的政策宣示。1968年，當國際社會開始草擬並簽訂核不擴散條約時，印度再度面對是否應該簽約、徹底放棄原子彈計畫的困境。印度政府最後做出既不簽署但也不反對該條約的決定，這也使其成為世界上極少數沒有簽署該條約的國家（Cohen, 2002）。

國際社會上呼籲停止核武軍備競賽。直到1988年間，總理拉吉夫甘地在聯合國大會上呼籲全面裁減核武，受到各國的冷淡以對，拉吉夫轉而下令重新啓動核子計畫，以成功製造出核子彈爲唯一目的。1998年5月，當印度人民黨贏得大選正式上臺執政，新任總理瓦杰帕伊（A.B. Vajpayee）下令進行核子試爆，此舉讓印度成爲擁有核武的國家，但卻因此遭到國際制裁。2006年7月，印美兩國領導人簽訂「美印民用核子協定」，美方承諾修改其1954年的《原子能法》（Atomic Energy Act）的123條，讓沒有簽署核不擴散協定的印度也能從美國進口核燃料與技術，甚至還願意協助印度與核供應國集團（Nuclear Suppliers Group，由46個擁有核子技術及原料的國家組成的集團）談判，讓這些國家同意出售印度核能發電所亟需的鈾原料與技術。此外美國也要求國際原子能總署訂出一個只適用印度的特別檢查協定；而印度則同意開放其民用核子設施（也就是核能電廠）供國際原子能總署檢查與監督。2008年7月到10月間，印美兩國國會經過激烈的辯論後，正式通過民用核子協定，印度成爲世界上第一個違反核不擴散機制卻能就地合法的國家。

對印度來說，與美國簽訂民用核子協定不僅僅是爲了確立其核武國地位，而有更現實的原因：雖然貴爲核武大國，但是印度國內一直無法生產足夠的鈾原料，而且其核能發電設施過去在國際社會的制裁下，無法取得比較安全先進的技術。印度政府宣稱：如果沒有辦法進口更先進的核能反應爐及鈾原料，印度國內的電力將在2050年前出現412百萬瓦的缺口，占全國總發電量的三分之一，而與美國簽訂民用核子協定是讓印度擺脫核原料供應不足的最好方法。美印民用核子協定生效後，核原料供應集團解除對印度的限制，各國紛紛與之簽訂核能合作協議。目前印度的7座核電廠共有21座已經完成且運轉的核子反應爐，能產生4,560百萬瓦的電力，占全印度發電能力的3%（占整體能源消耗的1.22%）。未來其他6座興建中的反應爐完工投入運轉後，預計將可增加4,300百萬瓦的電力供應。

過去印度曾經積極發展核能，並且制定出核能發展的三階段戰略：第一階段是建立以天然鈾燃料來運轉的壓重水式反應爐（Pressured Heavy Water Reactors, PHWR）；第二階段是發展快中子增殖反應爐（Fast Breeder Reactor），這是以第一階段所產生的核廢料鈽與天然鈾礦爲燃料的反應爐，在發電過程中產生的鈽可以再投入爲燃料；第三階段是建立釷232

（Thorium-232）及鈾233（Uranium-233）為燃料的反應爐。最後此階段需待前兩階段的目標達成才啟動，目的是讓印度在核能上完全達到自給自足的目標[11]（Sikri, 2009）。截至2014年為止，印度運作中的21座反應爐幾乎都是壓重水式反應爐，因此目前該國的核電發展仍處於第一階段。

2010年印度核能公司（Nuclear power Corporation Inc. 負責設計、建造、經營核能電廠的印度國營企業）工程師曾經誇口能在2032年前興建16座反應爐，能產生6,300百萬瓦的電力[12]。不過歷經2011年日本福島核能災變之後，印度各地開始出現反對核能的聲音，政府的態度變得比較保留。對印度而言，發展核能必須克服三個主要問題：一、穩定的燃料來源；二、建立安全有效的防護措施；三、降低成本（核能發電成本是火力發電的三倍）。目前印度核能電廠所使用的燃料有40%必須由國外進口，表示核能與石油一樣，仍然受制於外部環境影響（World Nuclear Association, 2016），加上成本、安全等因素，使得有學者認為核能發電永遠不會是印度的首要選項（Sikri, 2009: 201）。2011年7月，印度媒體曾大幅報導說南部安得拉邦的Tumalapalli發現全球最大的天然鈾礦藏，如果成功開發，將會大幅提升印度的核能發電的能力。但是不同報導對於其儲量的預測有很大的差距，有些媒體報導其儲量可達17.5萬噸，比過去預估的4.9萬噸高出許多，如果成功開採，將會是全世界最大的鈾礦。但也有媒體引用印度原子能委員會發言人的話，指出這些鈾礦的品質不高，至少不能跟澳大利亞的鈾礦相比，因此不能完全解決能源短缺的困境。2014年11月，印度核能燃料機構（Nuclear Fuel Complex，印度原子能部所屬的機構，主要負責鈾燃料提煉以供應核能發電所需）主任N. Saibaba證實產自Tumalapalli礦場的鈾燃料已經正式提煉使用，不過並未說明其數量是否如符合印度核能發電的需求[13]。

---

[11]　〈印度核能發展狀況〉，科技部駐印度代表處科技組，2013年10月7日：https://www.most.gov.tw/india/ch/detail?article_uid=20f577d6-7c7d-11e5-bafa-005056826649&menu_id=a420d589-aace-414e-ac1b-5f6cca0be45b&content_type=P&view_mode=listView2013。

[12]　"India eyeing 63,000 MW nuclear power capacity by 2032: NPCIL," *Economic Times* (October 11, 2010), http://articles.economictimes.indiatimes.com/2010-10-11/news/27616582_1_pressurised-heavy-water-reactors-fuel-cycle-indian-nuclear-society.

[13]　"We are using Tummalapalli uranium reserves in large scale," *The Hindu* (November 26, 2014), http://www.thehindu.com/news/national/andhra-pradesh/we-are-using-tummalapalli-uranium-reserves-in-large-scale/article6636984.ece.

再生能源

印度的風力發電在1990年代才開始發展，目前是所有再生能源開發中比較成功的。根據2014年的資料，印度已成為全球第五大風力設備市場，僅次於中國、德國、美國、西班牙，發電量為22,465百萬瓦（MW）（World Wind Energy Report 2014）。印度的風力發電主要分布在面臨季風的南部與西部各邦，如泰米爾（Tamil Nadu）、馬哈拉斯特拉（Maharashtra）、古吉拉特（Gujarat）、卡納特卡（Karnataka）等。風力發電設備目前占全印度發電能力的6%，占實際發電量的1.6%（Wind Energy of India 2012-3）。泰米爾納度邦是推動風力發電最積極且最具成效的邦：其風力發電量為4,889百萬瓦，約占全印度風力發電量的四成左右。邦內的Muppandal村過去飽受來自阿拉伯海強勁季風之苦，但印度政府前後投資20億美元，將此地建立為亞洲最大的風力發電基地，吸引各國的風力發電設備公司在此投資。同時印度本土公司Sulzon Energy曾經是世界第五大風力發電設備製造商[14]。雖然印度發展風力發電的企圖心十分明顯，但是成效仍有待提升。主要是因為印度政府熱衷於在各地裝設設備，但使用與維護的能力偏低，這也是為何風力發電設備目前占全國發電能力的6%，但實際發電量只有1.6%的原因。

太陽能發電的起步更晚，但印度多數地方每年日照天數達三百天以上，具有十分豐沛的太陽能潛力。太陽能的應用方式主要有兩種，第一是將其熱力轉化為家庭使用（例如烹飪燒水）；第二是將太陽能轉化為電能。以後者來說，印度目前已經裝設的太陽能設備所產生的電力只有0.4%，和其他能源方式相比偏低。2009年7月，新成立的尼赫魯國家太陽能計畫（Jawaharlal Nehru National Solar Mission）指出將在未來十年投資190億美元，在各級政府機構及醫院裝設2,000萬平方公尺的太陽能板，希望能夠產生20千兆瓦（GW，等於20,000百萬瓦）的電力，國家太陽能委員會也設定將在2013年達到太陽能發電1,000百萬瓦的能力。不過印度執行太陽能發電的能力頗值得懷疑，因為太陽能板的裝設將嚴重影響土地的使用，對於人口

---

14 近年來由於其他新廠商加入競爭，Sulzon已經不再是全世界前十名，但仍然是印度最大的風力發電設備製造商，占有國內市場的43%。

稠密且耕地不足的國家是一大挑戰，目前並不清楚印度政府要如何解決此一問題；其次太陽能設備的造價與維護均十分昂貴，看不出印度政府是否有能力訓練相關人才。不過印度政府似乎對太陽能的發展深具信心，並在2010～2011年的政府預算中列入100億盧比（約2億美元）的預算發展太陽能，並對民間公司裝設太陽能提供免稅優惠。

　　「生質能源」泛指「利用生物產生的有機物質（即生質物，biomass），經過轉換後所獲得之可用能源」。主要來源包括生質作物（例如玉米）、廢棄物（農業廢棄物、動物排泄物等）。印度農村仍普遍使用牛糞與木柴為燃料（占全國能源消耗的近三成），可說是生質能源使用率頗高的國家。不過印度政府對生質能源的興趣主要放在生質柴油的開發，並選擇以桐油樹（Jatropha Curcas）作為主要原料。桐油樹果實的含油量為40%，成長時間約為二至三年，是理想的生質能柴油原料，前任總統卡蘭（Abdul Kalam）就曾大力提倡發展生質柴油（bio-diesel），並主張將全國荒地大量種植桐油樹，作為開採生質柴油之用[15]。印度政府評估約可開闢40萬平方公里的土地種植桐油樹，如果全面改種成功，其果實所提煉的生質柴油預計將可供應印度全國兩成的柴油消耗量。印度國家銀行（State Bank of India）幾年前曾與世界上主要的桐油樹種植開發商D1 Oils（英國企業）簽署備忘錄，決定提供高達13億盧比的貸款給印度農民，協助其購買桐油樹種子進行種植，但效果並不如預期[16]。

印度的能源政策

　　以上兩節大致介紹了印度的傳統能源使用情況以及新興能源的發展狀況。我們可以從圖6-3所列舉出2009、2014、2025（預估值）三個年份各類

15　除了印度外，其他國家也曾經對桐油樹所提煉的生質柴油寄予厚望。見：Angela Hind, "Could jatropha be a biofuel panacea?" *BBC News* (July 8, 2007), http://news.bbc.co.uk/2/hi/business/6278140.stm。

16　主要原因與桐油樹果實能提煉出的生質柴油數量與品質不如預期，且近年來全球油價下跌等因素有關。

能源消耗的比例來進一步觀察印度的能源發展情況。由於煤的價格低廉且是電力供應的主要來源，因此仰賴煤作爲主要能源的趨勢並不會改變，大概仍然會維持50%以上的比例；印度政府目前的能源政策是逐漸提高天然氣的使用比率，並且逐漸減少對石油的依賴度，但是由於使用天然氣必須投資大量的基礎建設，並且確保穩定的供應來源，目前並不清楚這樣的策略是否能奏效。核能與水力仍然在各類能源消耗中占據比較邊緣的位置，前者問題在於價格與技術，對於希望以低廉代價取得能源的印度來說並不划算；水力發電雖然被視爲是清潔的能源，且印度本身具有非常豐沛的水力資源，但是建造發電大壩所耗費的時間與環境成本巨大，由於地方抗爭不斷，相關建設進度十分緩慢。

　　印度能源發展的主要問題在於沒有產生統一的能源發展政策。從組織結構來看，印度政府在1992年將專門負責能源相關業務的部門拆成煤礦、石油及天然氣、非傳統能源（後改稱新興與再生能源部，Ministry of New and Renewable Energy），以及電力部（Ministry of Power）等四個單位；此外其他政府部門也會觸及到能源政策，例如原子能部（負責核能發電）與計畫委員會等[17]。這些單位彼此之間缺乏協調，很難產生一致且有效的政策。另一個明顯的問題是：受過去計畫經濟的影響，中央與地方政府對於能源的發展有相當大的主導權，例如占能源消耗量最大的煤，從開採到銷售幾乎仍然掌握在國營企業手中。國營的石油與天然氣公司（Oil and Natural Gas Corporation, ONGC）掌握了全印度77%的原油開採與81%的天然氣生產（2006年數字）；印度石油（Indian Oil Corporation）則控制全國多數的煉油業務與銷售通路，名列世界前20大石油公司；印度天然氣機構有限公司（Gas Authority of India, Ltd., GAIL）掌控了主要的天然氣運送與銷售業務，這三大國營能源公司都名列在印度九大最成功的國營事業（稱爲Navratnas）之中。此外，由於印度實行民主制度，主要政黨爲了在選舉中爭取選票，往往對能源價格採取限制政策，並對國營的能源公司提供補貼，這使得印度能源價格（電價、油價）被刻意壓低，造成能源需求不斷上升，但能源生產效率仍然低落的惡性循環。此外，印度能源的使用效率十分低

17　訪談德里智庫觀察家研究基金會（ORF）能源研究部主任Lydia Powell內容，2012年2月。

落：目前全國約有八成地區獲得供電，但是供電十分不穩定，停電時有所聞。印度地方政府對於電力供應量與方式有很大的決定權，且負責電力輸送的設備維護。由於效率低落，估計有三成電力在輸送過程中喪失。

　　缺乏部門協調的結果，以致1990年代後期印度才開始思考建立能源政策，2000年公布的「碳氫燃料展望2025」甚至是有史以來第一部有系統的能源政策報告。到目前為止，由計畫委員會於2006年所提出的「整合能源政策報告」（Integrated Energy Policy, 2006）可說是最有系統的能源政策說帖。該報告評估了十一種未來印度可能的能源發展策略，結果顯示仰賴煤的火力發電仍將是成本最低的方式，但其所造成的環境污染代價太大；核能與再生能源無此問題，但成本仍然居高不下。因此未來最有可能的狀況是採多管齊下的方式，一方面維持傳統能源供應，並逐漸增加新能源供應的比例。這也是目前印度目前主要的能源策略。2006年的「整合能源政策報告」列出了十一種未來印度可能的能源發展策略：

1. 繼續仰賴傳統的能源供應方式，以煤作為發電來源；
2. 全力發展核能發電；
3. 全面開發水力發電，估計可增加150,000百萬瓦的電力；
4. 核能發電與水力發電併用；
5. 增加天然氣為發電來源，將電力的16%轉為天然氣發電；
6. 在策略5的基礎上減少能源需求，將需求量降低15%；
7. 在策略5的基礎上提升火力發效能；
8. 在策略6的基礎上提升火力發效能；
9. 在策略8的基礎上提升火車裝載效能（火車貨運量從32%提升至50%）；
10. 在策略8的基礎上提升機動車輛效能（提升機動車輛效能50%）
11. 發展再生能源，提升風力、太陽能、與生質能的能源供應量（*Integrated Energy Policy*, 2006: 41）。

　　結果顯示仰賴煤的火力發電仍將是成本最低的方式，即使發展再生能源（第11種策略），火力發電仍然會占總發電量的51%，或是41%的能源消耗量。但燃燒煤所造成的環境污染代價太大；另一方面，核能與再生能源雖然

無此問題，但其成本仍然居高不下，因此報告最後建議探多管齊下的方式，一方面維持傳統能源供應方式，並逐漸增加新能源供應的比例，這也是在2014年之前印度政府主要的能源策略。

結論

　　目前印度各類能源的依賴狀況是：80%的石油仰賴進口；液化天然氣有18%自國外進口；煤目前的依賴度是40%；就連核能電廠所使用的燃料有40%必須由國外進口。因此除非印度國內全部轉化為使用再生能源，否則能源安全將是國家未來發展的重大問題。2012年時火力發電（以煤炭為燃料）占印度整體電力供應的70%，但本地學者預估未來電力供應應該成長一倍（目前為810KWH）才能維持經濟成長率8.5%的水準[18]。另根據印度政府在2000年公布的能源政策報告書「碳氫燃料展望2025」（India's Hydrocarbon Vision 2025）之內容，印度政府認為保障能源安全最好的方式時增加國內自有能源的供給比例，並且投資海外油源開發。該報告也估計到2025年時，各類能源所占的比例將是：煤炭50%、石油25%、天然氣20%、水力2%、核能3%。其中以天然氣增長的幅度最快，其他選項的變動有限（見圖6-3）（*India Hydrocarbon Vision* 2025, 2000）。

　　也因為能源主要仰賴進口，使得印度政府在制定能源相關政策的時候傾向將確保海外能源穩定供應（供應來源與市場價格）作為主要的對策：只要供應來源或市場價格出現大幅變動，印度就有可能陷入能源短缺的窘境。根據2006年「整合能源政策報告」的數據，印度在1991年改革開放政策剛開始的時候，其主要商用能源的進口比率大概是17.8%，到了2004～2005年逐漸增加到30%，其中對石化燃料的依存度最高，石油更是80%仰賴進口。此外，印度政府也承認能源技術上的不足也可能讓印度受制於外部環境。因此供應風險、市場風險，以及技術風險構成印度能源安全的三大要

---

[18] 2012年1月12日於德里參加「進擊天然氣：機會與挑戰」工作坊（Workshop on Dash for Gas: Opportunities and Challenges）所獲得之資訊。

素（Integrated Energy Policy, 2006）。專門研究印度能源安全的學者Lydia Powell對此提出不同看法，她認為日本能源進口比率為90%，比印度還高，但在2011年福島核能災變後，日本政府決定減少核能供電比率（原本核能占日本電力供應的30%），這個決定並沒有讓日本頓時陷入能源危機，因此能源安全並不是由穩定供給單一因素來決定，而是政府如何應付突如其來的能源供應變動，並發展有效的應變策略。印度政府在過去幾年專注在開發海外油源，或是減少海外能源依賴度的作法，其實並不是真的對症下藥（Powell, 2015: 33-34）。

　　2014年5月，莫迪當選總理後，決定將能源、煤礦、與再生能源三個部門的業務合併交給印度人民黨財務長戈雅爾（Piyush Goyal），由他來擔任部長。表面上來看，這個決定是為了改革煤礦部門長久以來的積弊，但更重要的目的是為了將傳統的能源供給（煤礦部與能源部）與新型態能源的開發（再生能源部）完全整合在一起，形成統一的能源政策部門。2015年初，莫迪政府進一步宣布將在2022年前將各類再生能源（風力、水力、太陽能等）的供應量提升到175,000百萬瓦，為了達成這些目標，印度政府在2015年度預算中增加4億美元用以投資再生能源相關設施，並且宣布將煤稅加倍，這個政策顯示莫迪政府已經決定將發展再生能源作為其未來能源安全戰略的主軸，而不是像過去國大黨政府一樣，以維持穩定能源供應與成本為主要考量。這是自2006年「整合能源政策報告」以來，印度政府最大幅度的能源策略調整[19]。

　　目前在所有再生能源項目中，莫迪政府對於發展太陽能的興趣最高，提出比前任國大黨政府更具有野心的太陽能發電計畫，甚至承諾將在2022年將太陽能發電量提升三十倍。日本軟銀（Soft Bank）與臺灣的鴻海企業（Foxconn Technology Group）及印度巴提企業（Bharti Enterprises Limited）立刻共同合資成立SBG潔淨能源科技公司（SBG Cleantech），並且在2015年底標下安得拉邦（Andhra Pradesh）甘尼太陽能園區（Ghani Sakunala Solar Park）計畫案。未來將在該地興建一座發電量達350百萬瓦的

---

[19] Chetan Chauhan, "Modi govt's energy policy to now focus on renewable supply," *Hindustan Times* (May 3, 2015), http://www.hindustantimes.com/india/modi-govt-s-energy-policy-to-now-focus-on-renewable-supply/story-A7dV1xX40HjCfgqoPjFImK.html.

太陽能發電廠，產生的電力將由印度國家電力公司（NTPC Ltd）收購[20]。甘尼太陽能園區計畫案是以新能源項目來吸引國際大廠投資，又能符合環保目標，可說是莫迪政府能源策略的高明策略。

20　〈鴻海攻印度太陽能市場首戰告捷〉，《中央社》，2015年12月15日：http://www.cna.com.tw/news/afe/201512150428-1.aspx。

第三部分

與鄰國關係

前言

　　過去半個多世紀以來，印度與巴基斯坦的關係一直是南亞區域安全最核心、也最難解決的問題。1947年兩國分別獨立建國之後，1,200萬居住在巴基斯坦的印度教徒與居住在印度的伊斯蘭教徒被迫遷徙，成為人類歷史上規模最大的難民潮。遷徙行動與衍生的難民問題使兩國關係陷入長期不睦。此外為了爭奪喀什米爾地區主權，兩國曾在1948年、1965年、1971年三度開戰。印度與巴基斯坦都分別在1998年試爆核武成功，正式成為核武俱樂部的一員。此舉雖然遭到國際社會的譴責，但後來美國政府與新德里達成關於開放印度民用核子設施接受國際檢查以換取美國技術援助與燃料的協議，並主動提供核武安全的技術給巴基斯坦，等於正式承認這兩個國家的核武地位。不過核武的出現似乎並未讓兩國關係走向穩定：1999年夏天，雙方又在喀吉爾（Kargil）地區爆發一次軍事衝突，幸好雙方領導人克制而未使衝突進一步惡化。不過近年來印度所遭遇的兩場恐怖攻擊事件（2001年印度國會遇襲事件與2008年孟買連環恐怖攻擊）都與巴基斯坦有關。

　　過去國內學界對印巴關係的研究與著述並不算少，特別是在1998年印巴核武試爆與1999年喀吉爾衝突之後，有許多關於印巴談判及喀什米爾問題的論文發表（陳文賢，1999；方天賜，2002；陳純如，2008、2009）。大陸學者胡志勇所撰寫的《冷戰時期南亞國際關係》（2009）是中文書籍中唯一以南亞區域國際關係為主題的專書，其中有相當篇幅提到印巴關係，但主要談的是冷戰時期（胡志勇，2009）。如果進一步將印巴關係延伸到這兩國與其他強權的關係，如美（國）印巴三角、中（國）印巴三角，則相關的論文就

---

[1]　本章內容最早發表於2012年國際關係年會（2012年10月6日），其後經多次修改而成。

更多，這些研究有很多是用戰略三角（strategic triangle）理論或聯盟理論（alliance theory）來作爲分析的基礎（柯玉枝，2003；王良能，2004）。不過多數研究都很少討論到印巴爲何難以化解對立的眞正原因、也很少用印巴兩自身的角度來看待兩國關係的發展。本章而將以歷史角度來解讀印巴關係，並且嘗試討論三個問題：一、印巴對立究竟是現實利益的衝突抑或是認知所造成的誤解？二、核武的出現究竟對促進印巴關係穩定產生正面或是負面的作用？三、目前影響印巴發展的關鍵因素有哪些？這些因素如何發揮作用？

以下各節將分爲三部分：首先是歷史回顧，介紹印巴關係發展的三個階段（軍事衝突、核武競爭、恐怖主義）；第二節將側重在印巴彼此威脅認知的討論；第三節將進一步分析影響印巴關係的主要因素；結論部分將討論印巴關係的可能走向。

印巴關係的歷史

喀什米爾主權歸屬問題

印巴衝突始於1947年的分治計畫。二次世界大戰結束時，英國元氣大傷，已經無力再像過去一樣統治印度，不得不放手讓其獨立。不過英國在撤出的同時，也嘗試爲未來的印度政治體制作出合理的安排。穆斯林聯盟原本的主張是印度分爲穆斯林組成的巴基斯坦與印度教徒組成的印度斯坦（Hindustan）兩個平等的政治族群並平分權力，因此從1945年6月開始，英國就邀集了國大黨領袖甘地、尼赫魯，以及穆斯林領袖眞納等人密集協商。這一連串協商的目的是希望印度教徒與穆斯林都能在統一的印度下共享政治權力。1946年英國工黨政府派遣內閣使節團前往印度，提出三重聯邦政府（three-tiered federation）草案，內容是將印度分成三個大聯邦省區（groups of provinces），其中西邊與東邊兩個省區（即後來的巴基斯坦與孟加拉）屬穆斯林，中間與南部的省區（即後來的印度）屬印度教徒。這些省區將擁有絕大部分的政府功能，並隸屬於一個只負責國防、外交、通信交通等業務

的聯邦政府。英國的制度設計希望能夠同時滿足國大黨與穆斯林聯盟的期待：前者希望印度統一在單一國家之下，而後者希望建立一個將所有穆斯林整合在統一政治架構下的巴基斯坦。後來穆斯林接受了內閣使節團的提案，但這個計畫卻被國大黨否決，這使得穆斯林最後只能選擇建立獨立的巴基斯坦國。因此嚴格來說，是國大黨迫使巴基斯坦走向獨立，而非穆斯林堅持建國造成的結果（Barbara and Thomas Metcalf, 2011: 297-299）。

　　自從分治計畫的原則確立之後，印度各地就開始出現暴動，印度教徒與穆斯林之間相互廝殺，造成數十萬甚至數百萬人民的死亡。當英國任命的最後一任總督蒙巴頓勳爵（Louis Mountbatten）於1947年2月前往印度，進行移轉主權的相關安排時，基本上已經沒有餘力遏制暴動或屠殺。英國政府能夠做的，是在非常短的時間內將主權移交給印度及巴基斯坦兩個新政府，並且依據宗教地域劃出新的國界。這樣做的結果是造成1,200萬居住在巴基斯坦的印度教徒，與居住在印度的伊斯蘭教徒被迫遷徙，成為人類歷史上規模最大的難民潮。然而在遷徙行動結束後，仍有多達4,000萬的伊斯蘭教徒居住在印度境內，1,000萬的印度教徒居住在巴基斯坦，族群衝突難以避免，使兩國關係陷入長期不睦。

　　另一個問題是喀什米爾地區的主權爭議。1947年印度與巴基斯坦分別獨立之後，人口有四分之三為穆斯林的喀什米爾統治者哈里辛大君（Maharaja Hari Singh）宣布加入印度，引發兩國之間的戰爭，此為第一次印巴戰爭[2]。喀什米爾是印度總理尼赫魯的故鄉，但這不是其主張印度必須取得這塊領土的真正原因。喀什米爾作為穆斯林占多數的地區，如果歸屬印度，將可落實尼赫魯主張的世俗主義建國原則，進一步讓印度為大英帝國合法繼承者；但對巴基斯坦建國領袖、後來被尊稱為國父的真納來說，擁有喀什米爾主權才是兩個民族理論（穆斯林與印度教徒分別建立自己的國度）的最終實踐，因此絕對不可能讓步（見第一章）。

2　英國要求英屬印度境內的邦國（princely states）決定加入印度或巴基斯坦，最後有562個邦國
　加入印度，13個邦國加入巴基斯坦。這些國家的國土都被印度或巴基斯坦包圍，因此其實並不
　見得有選擇加入與否的自由。而喀什米爾是唯一同時與印度及巴基斯坦為鄰的邦國，因此可以
　自行決定要參加哪一方，喀什米爾統治者哈里辛大君原本態度猶豫不決，但1947年底巴基斯坦
　許多非正規軍隊開始進入其境內，對其產生威脅，因此才決定參加印度。但是因為喀什米爾境
　內多數居民為穆斯林，引發巴基斯坦反彈，導致雙方衝突至今。

三次印巴戰爭

　　第一次印巴戰爭持續了十三個月，到1949年1月才正式結束。兩國政府在克拉蚩（Karachi）簽訂軍事分界線協定，將喀什米爾一分為二。印度占領東部約五分之三的領土，人口約400萬；而西部約五分之二為巴基斯坦所占有，人口約100萬。雙方都在控制領土上部署軍隊，形成對峙之勢。雖然印巴兩國均同意在聯合國監督下在喀什米爾舉行公民投票，惟後來投票並未舉行。1965年的第二次戰爭是印巴兩國行使戰爭邊緣策略（brinkmanship）的結果[3]。首先是該年年初兩國軍隊在靠近印度河入海口的Rann of Kutch沼澤地帶相互進行武力挑釁，繼而派遣軍隊進入邊界地區，最後在4月間升高為軍事衝突。不過第一階段的戰爭在國際調停下於7月1日停火。9月6日戰端再啟，印度軍隊直接向巴國本土發動攻擊，雙方激戰三週後由蘇聯出面斡旋，次年1月雙方在中亞城市塔什干（Tashkent）簽訂宣言，同意以和平手段解決分歧。在這次戰爭中巴基斯坦明顯取得軍事上的勝利，因而埋下六年後印度報復的伏筆[4]。1971年的第三次印巴戰爭並非因喀什米爾問題而起，而是印度派兵協助孟加拉自巴基斯坦獨立。該年11月，印度趁東巴基斯坦獨立運動興起之際大舉入侵東巴基斯坦，進而包圍首府達卡，迫使9萬巴基斯坦守軍投降，印度獲得軍事上的勝利，並成功讓東巴基斯坦成為獨立的國家孟加拉[5]。

從軍事衝突轉向核武競爭

　　從第三次印巴戰爭之後到1990年代，兩國之間雖然未發生戰爭，但是仍然處於武力對峙的狀態，也有數起小規模的軍事衝突。其中1989～1990年間印控喀什米爾發生多起武裝反抗印度統治的暴力事件，巴基斯坦公開

3　戰爭邊緣策略是指一個國家的決策者利用威脅使用武力等手段，迫使其他國讓步，進而達成特定的政治目標。

4　此事另一個插曲是印度總理夏斯特里（見第二章）在塔什干與巴基斯坦總統阿尤布汗（Ayub Khan）簽訂和約次日即心臟病發猝逝。雖然阿尤布汗與蘇聯領導人柯西金（Alexey Kosygin）親自至機場將夏斯特里的靈柩送上飛機返回印度，但印度一直有人認為其死因並不單純。

5　關於三次印巴戰爭之過程，可參考葉海林所著之《巴基斯坦：純潔的國度》，第六章（葉海林，2008）。

支持叛軍並給予援助，此舉讓印度解讀為挑釁行為；此外於1984年4月，印度以武力占領錫亞琴冰川（Siachen Glacier），控制了約3,000平方公里的土地，而巴基斯坦一直認為這片海拔6,000公尺的冰川應該是其領土。也就在這個階段，印巴兩國開始全力發展核武。印度獨立之初，其外交政策受聖雄甘地及首任總理尼赫魯的影響，強調和平與非暴力、反對西方帝國主義式的窮兵黷武。執政黨國大黨的許多領袖並不支持發展原子彈，反而譴責英、美、蘇聯等西方國家競相發展大規模毀滅性武器的行為。此外研發原子彈將耗費鉅額國家預算，讓許多政治人物覺得此舉是不道德的，應該將國家預算用於民生與經濟，因此印度早年並不熱衷發展核武。直到1980年代後期，總理拉吉夫甘地才下令重新啟動核子計畫（見第六章）。和印度不同的地方是，巴基斯坦在發展核武的過程中甚少受到國內輿論影響，這主要是因為該國在政治上長期處於威權統治的狀態。1971年的印巴戰爭促使當時的總理布托（Ali Bhutto）決定發展核武，並開始邀請在國外受過相關訓練的科學家及技術人員回國效勞。曾在德國受訓的科學家阿不都·卡迪爾·汗氏博士（Dr. Abdul Qadeer Khan，西方媒體常稱其為AQ Khan）受命建立汗氏研究實驗室（Khan Research Laboratories），全力進行代號稱為726計畫的核武研究。到了1987年，汗氏向外界透露巴基斯坦已擁有製造核武的能力。1995年12月，印度總理拉奧（Narasimha Rao）決定正式進行核武試爆，不過此事遭美國偵知，美國政府盡一切力量加以阻止，試爆計畫在最後一刻被迫取消。直到三年後，印度人民黨（Bharatiya Janta Party, BJP）新任總理瓦杰帕伊才正式下令進行核子試爆，並且對外宣布在兩天內成功進行了五次，讓印度正式成為擁有核子武器的國家[6]。當印度宣布核試成功之後，巴基斯坦也在俾路支省的查蓋山（Chagai Hills）成功進行六次核子試爆，正式宣布成為核武國家，發展核武有功的阿不都·卡迪爾·汗氏也被稱為巴國的核武之父。

　　印巴核武試爆成功後，聯合國安理會迅速通過第1172號決議，嚴厲譴責印巴兩國的危險舉動，多數國家也立刻對兩國進行程度不一的經濟制裁。

6　當時此一消息震驚全世界，因為自從核不擴散條約在1970年生效以來，印度第一個挑戰該條約並宣布擁有核武的國家──在此之前，以色列也成功發展出核武，不過並未正式對外宣布。在此之前，印度政府一直對外表示不會進行核武試爆，甚至連美國事前都無法偵知其試爆計畫。

不過當九一一恐怖攻擊事件發生之後，當年下令進行核試的印度總理瓦杰帕伊受邀至美國訪問，總統小布希（George W. Bush）宣布美國此後將採取全新政策來強化與印度的關係，藉以換取印度對反恐戰爭的支持，也就是不再將印度擁有核武視爲兩國發展關係的障礙，最後在2008年與之簽訂美印民用核子協定（見第六章）。在巴基斯坦方面，美國雖然沒有公開承認其核武地位，至今也未與其簽署相關協定，但是一直關切該國核武庫及設施的安全警戒情況，美國總統歐巴馬甚至在一公開場合宣稱巴基斯坦的核武安全讓他一直寢食難安[7]。

印巴相繼成爲核武國是兩國關係的轉折，因爲如果雙方衝突升高，有可能演變爲全面核子戰爭，1999年夏天的喀吉爾戰爭（Kargil War）正是此一情況。當年5月巴基斯坦部隊與民兵入侵印控喀什米爾的喀吉爾地區，該地爲海拔四千公尺的高原地帶，人跡罕至，但卻是喀什米爾首府斯裡那加（Srinagar）前往列城（Leh）的公路要衝。外界對於巴基斯坦爲何要發動此一軍事行動有不同解讀，但普遍認爲是爲了報復1984年印度以武力占領錫亞琴冰川的行爲（Joeck, 2009: 119）。戰事從月5初爆發，雙方很謹慎地將軍事衝突維持在低強度的層次，美國嘗試調停但無效；到六月下旬，巴基斯坦與印度都開始有動用核武的準備，最後巴基斯坦總理夏立夫（Nawaz Sharif）在美國強力壓力下同意先撤兵，印巴兩國在7月11日宣布終止戰鬥，危機宣告終止（Hagerty, 2009: 107）。喀吉爾衝突爆發時印度與巴基斯坦已經都擁有核武器，因此國際社會對於這場衝突的關切甚於以往，所幸在美國調停與兩國領導人克制的情況下衝突沒有進一步升高。

恐怖主義正式進場

2001年12月，印度國會大廈遭恐怖分子攻擊，造成13人死亡。印度認定此事件是巴基斯坦穆斯林恐怖主義團體所策劃執行，要求巴國採取措施懲治其境內恐怖分子，並承諾絕對不會再支持印控喀什米爾境內的武裝團體。

7　Umair Jamal, "All Pakistan Wants Is the Same Nuclear Deal the US Gave India," *The Diplomat*, (October 21, 2015), http://thediplomat.com/2015/10/all-pakistan-wants-is-the-same-nuclear-deal-the-us-gave-india/.

在未獲得滿意回應後，雙方關係再度惡化。此後幾個月印度政府持續增派軍隊前往喀什米爾，印度總理瓦杰帕伊甚至公開表示將兩國之間將會有一場決戰，對立的情勢直到半年後才有所緩和。2008年11月的孟買恐怖攻擊則是近年來最嚴重的衝突。11位由巴基斯坦出發的恐怖分子在印度孟買上岸後大開殺戒，造成173人死亡，三百餘人受傷，可說是繼九一一事件以來最嚴重的恐怖攻擊事件。雖然巴基斯坦政府否認有任何聯繫，但是現場唯一遭生擒的恐怖分子Ajmal Kasab偵訊時坦誠整起行動是由巴基斯坦的三軍情報局（Inter-Services Intelligence）所策劃指揮。巴基斯坦最後不得不承認Ajmal Kasab是巴基斯坦公民，並且逮捕幾位與該行動有關的人交付審判。2009年9月，印度將孟買恐怖攻擊的相關證據交與巴基斯坦政府以協助後者進行調查，印度也對巴國政府採取行動逮捕恐怖組織領袖表示審慎歡迎。

　　2008年迄今印巴之間沒有再出現大規模的衝突，雙方領導人也多次嘗試進行對話。其中比較重要的活動包括2009年6月印度總理辛格（Manmohan Singh）與巴基斯坦總統扎爾達里（Asif Ali Zardari）在上海合作組織高峰會見面時，辛格要求對方承諾未來巴基斯坦禁絕所有對印度的恐怖或軍事行動。2010年10月印度同意恢復兩國的外交人員級會談；2011年3月兩國總理還一起觀賞世界杯板球賽；當年11月，巴基斯坦給予印度貿易最惠國待遇。

印巴之間無法和解之原因

　　今日很多人認為印巴對立是無解的：由於歷史發展過程中所累積的敵意，三次印巴戰爭以及後來的核武競爭與恐怖主義活動，加上喀什米爾領土之爭的「零和」（zero sum）本質，使得兩國人民之間不太可能真的放下仇恨，進行真誠的對話與合作。不過從過去半世紀以來印巴關係的發展歷程來看，兩國關係明顯地經過了三個階段：軍事衝突階段（1947～1971年）；核武競爭階段（1971～1999年）；恐怖主義活動階段（1999年迄今）。在1970年代以前，印巴雙方都認定軍事手段是解決喀什米爾問題或讓對方認

輸的唯一方法，因此打了三次戰爭，結果互有勝負（1965年第二次印巴戰爭巴基斯坦較占上風；1971年第三次印巴戰爭印度明顯獲勝）。不過到了1970年代後，印度與巴基斯坦都認定發展核武是嚇阻對方再度發動傳統戰爭的唯一有效方法，因此不約而同地投入核子武器的研發。1998年的核武試爆是這一階段雙方競爭的最後結果，而核武的嚇阻力量的確在1999年卡吉爾衝突中發揮效用：過去印巴衝突中雙方都會用發動核武攻擊的言辭來威脅對方，但在這次衝突中雙方領導人的反應較為克制。也因為南亞核武化讓印度與巴基斯坦都不再具有以傳統軍事力量制衡對方能力，因此在第三階段，兩國都不再像過去一樣使用武力或威脅使用武力。也因為印度近年來遭受到的兩次恐怖攻擊都與巴基斯坦有關，因此印度朝野普遍認為巴國未來可能會持續利用這樣的方式來挑釁印度，只要巴基斯坦內部有人持續支持喀什米爾地區的恐怖主義組織，印度將永無寧日[8]。

　　至於印巴之間如何看待對方的威脅？傳統國際安全理論中的安全困境（Security Dilemma）曾經提供了一個相當具說服力的解釋，也就是印巴雙方為了強化本身安全而提升軍備的行動，被對方解讀為挑釁的行為，進而也增加武力以為反制，最後演變成軍備競賽，衝突一觸即發。不過進一步看印巴政府內部對彼此的解讀，會發現彼此對威脅的認知並不相同。巴基斯坦的領導人一直認為印度對喀什米爾的占領等所有軍事行動的目的，是要阻擾一個統一的巴基斯坦（或是讓巴基斯坦瓦解）。另一方面，巴基斯坦政府也知道在無論就國家與軍事實力，自己不可能是印度的對手，因此在軍事戰略上巴基斯坦追求的是用非傳統的方式來戰勝或是嚇阻印度，發展核武、支持喀什米爾地區的武裝組織、或是在印度境內製造恐怖活動等等基本上都是這種軍事思維下的產物[9]。

　　印度決策者的看法則完全不同：印度不太將巴基斯坦視為軍事上的對手，也不太認為對方在軍事上具有擊敗印度的實力。因此在互動的過程中展現更多的自信，也很少限制雙方在貿易及人員的來往[10]。但是印度也認

8　這個觀點是根據作者在2012年1～3月間對印度智庫成員訪談所得到的印象。

9　這中間其實有一個轉變的過程：在1970年代之前巴基斯坦政府認為自己在各方面都可以與印度較勁，但在1971孟加拉獨立之後，兩國的實力差距越來越大，巴國才開始出現用不對稱戰略來對抗印度的思維。

10　印度早在1995年就給巴基斯坦貿易最惠國待遇，也不限制巴基斯坦知名人士（如影星、球員）

定巴國所採取的許多行動，包括恐怖攻擊與支持喀什米爾武裝團體等等，都在削弱印度國家的實力與政治穩定。這樣的情形在印控喀什米爾地區特別明顯：巴基斯坦多年來資助在這個地區的武裝團體（如虔誠軍Lashkar-e-Taiba），迫使印度採取比較強硬的手段來控制情勢（例如宵禁或戒嚴），其結果是加劇當地穆斯林與印度教徒或政府之間的衝突。自從1989年以來，主張獨立建國的團體如喀什米爾解放陣線（Kashmir Liberation Front）採取炸彈攻擊等暴力路線以宣揚其主張；印度教徒與伊斯蘭教徒之間的衝突也日趨嚴重，這些發展都已經嚴重挑戰聯邦政府的威信。從安全困境的角度來看，印巴之間處於一種相互威脅認知（mutual threat perceptions）的情況，也就是印度與巴基斯坦的決策者不斷透過強化對方的威脅來定義彼此的關係，讓安全困境成為一種惡性循環，最後讓敵意發展到難以化解的地步（Narayanan, 2010）。

　　當然在這個過程中我們也不能忽略國家及宗教認同所產生的影響。在1970年代期間，巴基斯坦強人齊亞哈克（Zia-ul-Haq）推行伊斯蘭化運動，讓整個社會變得比過去更保守，也更將所有與伊斯蘭教不同的價值觀或團體解讀為對巴基斯坦國家生存的挑戰（Cohan, 2002: Chapter 5）。而在印度，建國初期尼赫魯等領導人所強調的世俗主義在1980年代受到挑戰，印度教民族主義團體在政治上的影響力逐漸增強，最後在1998年讓印度人民黨上臺執政。這些國內政治的發展不一定與印巴關係有直接的聯繫，但是印度教徒與穆斯林之間衝突的激化也讓印巴關係變得比以往更加困難。2008年7月間，於喀什米爾首府斯里那加（Srinagar）所爆發的穆斯林與印度教徒之間的衝突造成多人死亡。這起暴動的原因是喀什米爾邦政府決定將印度教聖地阿馬爾那特（Amarnath）的部分土地管理權移交給印度教徒組織，以便讓其建設讓印度教徒至該地朝聖的設施。此舉引發喀什米爾地區穆斯林的大規模示威。邦政府最後接受抗議，決定暫緩聯土地移轉，不料卻引發印度教徒更大規模的抗議，衝突持續兩個月後才告平息。雖然這起事件只是印控喀什米爾境內的族群宗教衝突，但是我們可以用這樣的方式來理解印度與巴基斯坦兩個社會或族群的關係。原本只是因歷史仇恨與喀什米爾主權爭議而起的

來印度訪問；但巴基斯坦卻長期限制與印度的貿易往來，直到1990年代末期，巴國對印度的出口只占其總出口量的0.42%，自印度進口產品只也占1.22%（Basrur, 2010: 13-14）。

印巴對立，加上宗教因素後變得更加複雜，印巴對立的確已經成為杭亭頓（Samuel Huntington）在文明衝突理論（Clashes of Civilizations Theory）中所說「斷層線」（fault line）[11]。

影響未來印巴關係發展的因素

如果我們用威脅認知或文明衝突這樣的角度來理解印巴關係，那過去學界慣用安全困境、戰略三角或聯盟等理論來分析的方式或許就有修正的必要。不過在提出新的理論之前，我們可以大致歸納出影響印巴關係發展的三個關鍵因素。以下將對這三個部分略作討論。

第一是核武的角色。傳統國際關係理論家間一直存在著核武能否「止戰」的辯論，也就是一個擁有核子武器的國家是否能防止自己或敵方發動戰爭。持正面看法的學者主張適度的核擴散能夠保障國際之間的秩序，即使這樣的秩序是建立在恐怖平衡的前提上；而反對者則認為核武的出現不能減少決策者誤判的機會，因此兩個擁有核武的敵對國家之間衝突的機會不會變的更少。印巴核武化可說是當代國際政治對這個理論假設的經驗檢證。從1998年之後印巴關係的發展來看，兩國間的確沒有再出現大規模的戰爭，此外1999年的喀吉爾軍事衝突（在國際社會壓力與雙方領導人克制下和平收場），以及2001年印度在其國會遭恐怖攻擊後的反應（沒有對巴基斯坦採取報復性軍事行動），都證明核武在一定程度上能防止敵對雙方走向軍事對抗。目前雖然很少學者認為印巴之間會真的和解，但也幾乎沒有人認為兩國之間有出現全面戰爭的可能性，核武確實改變了印巴之間的行為模式[12]。

第二是巴基斯坦內部的政治發展。2001年與2008年印度遭恐怖攻擊的

11　杭亭頓認為冷戰時期國際衝突的根本原因是意識型態，但在後冷戰時期文明或宗教之間的衝突可能成為未來世界衝突的主導形式。他認為兩個文明之間的交界區域將成為「斷層帶」，即最有可能發生國際衝突的地方（Huntington, 1993: 29-35）。

12　這不代表兩國決策者都排除發生核武戰爭的可能性。事實上印巴兩國的軍方與戰略社群一直在討論在戰爭時使用核武的可能。相關的討論見：Gaurav Kampani, 2005。

事件都最後證明與巴基斯坦有關，讓許多印度人認定巴國政府是幕後策劃及操縱這類恐怖攻擊的最大嫌疑人，不過實際的情況可能是巴基斯坦的文人政府可能已經不太有能力控制軍方及情報單位。巴基斯坦國內部分地區自2009年以來有很一直飽受塔里班恐怖主義組織及地方武裝團體的攻擊。2013年5月夏立夫帶領穆斯林聯盟贏得國會大選之後，雖然嘗試重新建立文人政府的威信，但國內治安情勢並未好轉，恐怖攻擊仍偶有所聞。印度的巴基斯坦專家Wilson John在2012年時宣稱巴基斯坦從來都不是個穩定的國家，並預測該國政治會陷入更不穩定的情況[13]。印度媒體也曾預測軍方會發動政變推翻文人政府。但是到目前（2016年）這些情況都沒有出現。

　　第三是喀什米爾問題。目前印度所控制的喀什米爾地區稱為查謨喀什米爾邦（Jammu and Kashmir），是印度29個邦中唯一以信奉伊斯蘭教人口居多數為主的邦。由於文化上的差異，使得穆斯林較傾向接受巴基斯坦，而印度教徒則希望由印度統治。中央政府為了懷柔穆斯林，特別在憲法第370條中賦予查謨喀什米爾比其他邦更高的自治地位（見第一章）。印度過去一直認為喀什米爾穆斯林不願意成為印度人的主要原因是巴基斯坦在背後煽動，但真正的原因是當地人民認為印度只在乎與巴基斯坦爭奪喀什米爾，卻忽略當地人民真正的想法。所以即使印巴之間衝突未見進一步惡化，當地人民對喀什米爾應歸屬印度或巴基斯坦卻也難以產生共識，穆斯林與印度教徒之間的衝突時有所聞。喀什米爾問題逐漸成為印度政府難以解決的心頭之患。近年來越來越多的喀什米爾居民認為在印巴兩國水火不容的情形下，獨立或許是更好的選擇。第一章提到2007年的一份民意調查首次顯示，在北方喀什米爾山谷地區，將近九成的居民希望喀什米爾獨立，這或許可以解釋為何近年來在喀什米爾出現的一些暴力組織如喀什米爾解放陣線（Kashmir Liberation Front）開始主張獨立建國而非加入巴基斯坦。

---

[13] Wilson John在2012年1月16日於印度智庫ORF之報告內容。

結論：印巴關係的未來

　　和過去不同的是，核武在印巴關係中的重要性已經降低。國際社會並不擔心兩國間會發動毀滅性的核武攻擊，反而比較注意巴基斯坦核武儲存的安全狀況。印度目前最在乎的是巴基斯坦不受控制的軍方與情報單位對印度的恐怖主義滲透，不過未來可能眞正影響兩國關係的是一些過去不太注意的議題，例如印度河（Indus River）水權爭議。過去印度在水資源的爭取上採取比較開放的態度，未來有可能在民意或地方的壓力下變得更強硬[14]。

　　和一般人所認知不同的，印巴之間交往的管道十分順暢。兩國有正常的外交關係，雙方領導人在南亞區域合作協會（South Asian Association for Regional Cooperation, SAARC）等許多國際場合見面會面，2014年印度總理莫迪就職時也曾邀請巴基斯坦總理夏立夫觀禮。有時雙方領導人還會做出一些驚人舉動——例如2012年4月，巴基斯坦總統扎爾達里以私人身份前往印度的一座清眞寺朝聖，並「順道」與辛格總理會面。2015年12月25日，印度總理莫迪在訪問阿富汗之後搭機返國，專機突然降落巴基斯坦的拉合爾市（Lahore），與早已守候在機場的夏立夫見面會談，而當天剛好是夏立夫的生日。在民間往來方面，自1977年以來雙方一直定期通行火車班次，1999年以來兩國還開通德里—拉合爾直通巴士（不過時常因關係惡化而停駛）[15]；兩國運動員（特別是板球）時常同臺較勁，兩國的電影明星和歌星也都時常到跨境表演甚至合作拍攝電影；印度與巴基斯坦社會也有團體一直在推動兩國的和解，雖然效果不是很明顯[16]。

　　即使有這些努力，兩國關係很難稱得上和諧。有觀察家指出兩國高層之間的熱絡互動似乎並沒有眞正改變印巴之間的關係，兩國之間的難題如喀什

14　這個觀點是由印度前外交秘書Rajiv Sikri所提出，他認爲印度能夠制衡巴基斯坦的籌碼很少，印度河水權是少數能打的牌（Sikri, 2009: 47-50）。

15　連接兩國的火車稱爲Samjhauta（中譯爲和解）快車，行駛於巴基斯坦城市拉合爾與印度城市Attari之間。2007年2月該快車在通過邊境時遭到恐怖分子以炸彈攻擊，造成68人死亡，其中多數是巴基斯坦公民。

16　包括Aman ki Asha（中譯爲渴望和平）運動，由印度與巴基斯坦兩國的媒體所推動；Friends without Borders則是另一個例子。

米爾與恐怖主義威脅仍然沒有獲得真正解決[17]。此外2010年的PEW民調顯示巴基斯坦仍有53%的人將印度視爲最大的威脅[18]；印度雖然沒有相關的數據，不過筆者接觸過的印度學者多認爲巴基斯坦仍然處心積慮利用恐怖組織對印度社會搞破壞，也擔心巴基斯坦與中國密切的合作會對印度的國防造成威脅。印度學者認爲只有讓巴基斯坦出現一個穩定且具有治理能力的文人政府，這樣才能壓制軍方及情報單位不斷對印度進行滲透破壞的作爲，兩國才有真正合作的可能。不過在目前看來，這個目標仍然相當遙遠。

[17] Toquir Hussain and Ishrat Saleem, "After Modi's Visit to Pakistan: Beyond Hugs and Handshakes," *The Diplomat* (January 1, 2016), http://thediplomat.com/2016/01/after-modis-visit-to-pakistan-beyond-hugs-and-handshakes/.

[18] 此數據是引述自Prakash Menon, 2011: 337。

第 8 章　印度與中國關係 [1]

前言

　　自印度獨立以來，與鄰國中國的關係曾出現許多戲劇化的轉折：從1950年代初雙方「稱兄道弟」到十年後反目成仇，最後在1962年爆發戰爭；1980年代初雙方開始恢復來往，此後關係逐漸升溫，2005年雙方甚至宣布建立「戰略合作夥伴關係」；但自從2006年中國領導人胡錦濤訪問印度之後，關係又由好轉壞，外交糾紛層出不窮。這些小摩擦雖然不致演變成正式衝突，且兩國領導人都極力否認關係不佳，但是印度各界仍對中國充滿不信任感，媒體則大肆宣傳中國威脅論 [2]。而中國媒體雖然沒有像印度那樣熱衷炒作邊界議題，但對印度媒體的中國威脅論報導往往是一字不漏的加以轉載，反而強化了對印度的不信任感。

　　目前印度與中國之間並不算和睦，不過也很難說是敵對關係，比較適切的表達方式是兩國間存在著數個難以化解的難題。其中最核心、也是最難化解的當然是領土爭議，不過雙方在西藏問題、中國援助巴基斯坦、印度洋上的戰略競爭與雙邊貿易等議題上也存在歧見。北京方面一直認為印度政府持續利用達賴喇嘛來削弱中國對西藏的影響力，新德里則認為中國藉著援助巴基斯坦的名義將勢力伸入喀什米爾地區，是挑釁印度主權的作為。在印度洋上，兩國的競爭越來越明顯，印度認定中國政府在印度洋沿岸各國進行基礎設施援建，對印度進行戰略包圍，中國雖然否認有這樣的戰略意圖，但卻沒有減緩對印度洋沿岸國家的各類投資與援建。此外，雖然雙方貿易額年年攀

1　本章內容最早出版於宋鎮照等人合著之《當代中國的東亞外交策略與關係》（陳牧民，2011）。

2　Amid Baruah, "'China bashing' in the Indian media," *BBC News* (September 16, 2009), http://news.bbc.co.uk/2/hi/8258715.stm.

高，2014～2015年已達到710億美元，但是中國對印度享有480億美元以上的出超，印度朝野對這樣的經濟「侵略」普遍感到不安[3]。

　　目前外界對中印關係的預測有很大的差異。從國際關係現實主義（Realism）的角度來看，兩國實力的增強將會進一步使衝突表面化，宛如龍（中國）與象（印度）的競爭，這也是西方學者研究印中關係的主流看法（Garver, 2001; Mohan, 2011）。但也有人認爲如果中印兩國能利用自身的條件互補合作，將成爲舉世無敵的超強組合，甚至取代西方成爲新的世界秩序與文明中心。印度前商務部長蘭密施（Jairam Ramesh）將China與India兩個字結合，創造出Chindia這個新字（Ramesh, 2005）。華裔印度學者譚中則刻意將這個字翻譯爲「中印大同」[4]。中印關係的未來走向將是龍象之爭亦或是中印大同？這將是本章所探討的主題。以下章節分爲幾個部分：首先是介紹印中兩國建國初期的關係，以及1950年代末期關係惡化以及恢復的過程，其中比較多的篇幅會討論領土爭議與西藏問題。下一部分將論述目前中印關係的幾個主要面向，以及引發雙方關係走向合作或衝突的一些事件。結論部分將介紹目前學界對中印兩國關係的一些判斷與預測。

中印關係的建立

　　1949年10月中共建政後，印度是繼緬甸之後全世界第二個給予承認並建立外交關係的非共產國家，此後雙方維持了十餘年非常密切而友好的關係。兩國能迅速建立友誼並維持良好關係顯然是雙方領導人刻意塑造的結果，印度首任總理尼赫魯（Jawaharlal Nehru）在外交上主張不與美蘇結盟，並且提倡所有脫離殖民地位獨立的國家團結起來，彼此和平共存、合作發展，這點與亟於打破外交孤立地位的中共不謀而合。1954年6月，中國總

3　Rajrishi Singhal, "India-China Deficit: Beyond Iron Ore," *The Diplomat* (June 15, 2015), http://thediplomat.com/2015/06/india-china-deficit-beyond-iron-ore/.

4　譚中甚至以「中印大同」爲主題編了一本書，邀請兩國學者共同參與寫作，但絕大多數作者爲中國學者，印度方面只有三位參加，給人「中印大同」似乎是中國學者一廂情願的印象（譚中，2007）。另外方天賜（Fang Tien-Sze）的論文對於印中合作的現況做了比較詳細的探討（Fang, 2015）。

理周恩來首次訪問印度時與尼赫魯共同提出「和平共存五原則」（印度稱為潘查希拉，Panchsheel），作為處理兩國關係的指導原則[5]。當時兩國同意以此來處理印度與西藏之間的通商與交通問題，印度政府則史無前例地承認中國對西藏的主權、並且宣布放棄由英國繼承而來在西藏一切權利。1955年，周恩來在尼赫魯支持下出席了象徵亞非不結盟國家團結合作的印尼萬隆會議（Bandong Conference），打破被美國與西方國家孤立的狀態，開始與其他發展中國家建立關係，故中國能成功進入國際社會，尼赫魯功不可沒。當時中印兩國的密切關係體現在「印度中國是兄弟」（Hindi-Chini Bhai-Bhai）這句通俗的口號上。

　　不過兩國領導人刻意維持的友誼終究敵不過政治現實。當時中印主要的爭執點有二：一是領土問題，二是西藏問題。中國學者將這兩個議題稱之為1950年代後半期籠罩在中印關係上的兩個陰影（張敏秋，2004：25）。

領土爭議的起源與發展

　　依照中國政府與學者的說法，中印邊界從未正式劃定，但按照雙方的行政管轄範圍，存在著一條傳統習慣邊界線。這條邊界線長達二千多公里，可分為東、中、西三段。但印度始終認為兩國未定邊界應該也包括西藏與錫金的邊界，以及巴基斯坦在1960年代劃給中國的一部分喀什米爾領土邊界，總長達四千多公里。其中東段是由中國、印度、緬甸三國交界處起，沿著喜馬拉雅山向西到中印與不丹的交界處為止；中段區域為兩國在尼泊爾與喀什米爾之間的小塊未劃界區域；而西段指的是新疆與印控喀什米爾東部的拉達克（Ladakh）地區之間的邊界。由於兩國政府對邊界認定的不同，因而產生三段的領土爭議：東段中國稱為藏南地區，印度稱為阿魯那恰爾邦（Arunachal Pradesh），面積約為九萬平方公里；中段的小塊未劃界地帶面積約為2,000平方公里；西段稱為阿克賽欽（Aksai Chin）地區，總面積約為38,000平方公里。

　　中國一直認為：爭議領土東段的藏南地區自明代以來就在西藏政府有效管轄之下。此地區的居民均信奉藏傳佛教，且六世達賴喇嘛倉央嘉措

5　這五原則指的是互相尊重領土主權、互不侵犯、互不干涉內政、平等互惠、和平共處。

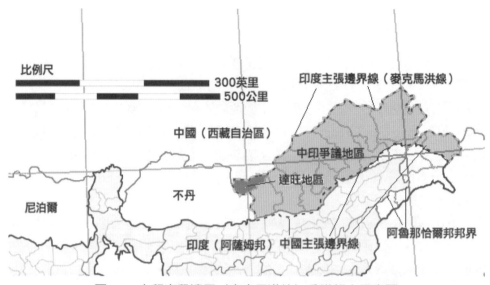

圖8-1　中印東段邊界（麥克馬洪線）爭議領土示意圖

資料來源：作者自行繪製。

（Tsangyang Gyatso, 1683-1706）也在此地的達旺（Tawang）出生。但印度則認爲英國與西藏早在1914就確定雙方邊界，也就是所謂的「麥克馬洪線」（McMahon Line）[6]印度做爲英屬印度的繼承者，對邊界的認定完全承襲過去英國的安排（Van Walt Van Praag, 2010: 99）。北京政府拒絕承認英藏協議的法律效力，當然也不承認麥克馬洪線爲西藏與印度之邊界（見圖8-1）。當時中國國勢屛弱，並沒有能力對英國所劃定的界線有任何作

6　該線的起源是1913底至1914年初，英國邀請北京政府與西藏代表至印度西姆拉（Simla）舉行會議以討論西藏地位問題。西藏代表夏扎·班覺多杰提出西藏獨立的主張，遭中國代表陳貽範反對。英國談判代表、英屬印度外務大臣麥克馬洪（Henry McMahon）提出一個調解方案，將西藏分爲內藏、外藏兩部分。其中內藏（大致爲今日的青海及四川西部，也就是藏人所說的康區與安多）爲中國勢力範圍，外藏（約爲今日的西藏自治區，也就是藏人所稱的衛藏）可奉中國爲宗主國並實行自治。當時麥克馬洪在一張比例爲1：380,000的地圖上分別以藍色線標出內藏與外藏的邊界，以紅色線標出英國認定的西藏範圍。這條紅色線（即「麥克馬洪線」）的南緣將西藏南部的疆域劃爲英屬印度領土。中國代表陳貽範接獲北京政府訓令而拒絕在英國所提出的草案上簽字，也向英藏代表表示中國將不承認英藏之間所簽訂的任何條約。不過根據印度學者的說法，當時陳貽範及北京政府拒絕簽署西姆拉條約的理由是反對外藏的實質獨立（並落入英國的勢力範圍），並未就麥克馬洪線提出抗議。後來英國與西藏政府之間仍繼續就印藏邊界進行談判，並在中國沒有參與的情況下逕行簽約（康民軍，2002；A. G. Noorani, 2008）。

爲，甚至也沒有能力管理西藏。直到1950年中國控制西藏後，北京政府才有機會質疑過去英國對邊界的安排。不過從印度角度來看，中印東段邊界並不存在爭議，因爲這段邊界早在1914年就已經獲得確認（Guruswamy and Singh, 2009: 43）。

　　西段阿克賽欽地區位於喀什米爾谷底東部，在歷史上爲西藏與喀什米爾之交界地帶，地處偏遠且人跡罕至。19世紀中期，英國與俄羅斯在中亞地區進行一連串稱爲「大博弈」（the Great Game）的勢力範圍之爭。當時英國希望將阿克賽欽地區劃爲中國領土，以便在新疆與英屬印度之間設立對抗俄國的緩衝區，而中國也於1892年在喀拉崑崙山口豎立界碑。英國曾在1899年向中國提議正式以喀拉崑崙山爲界，劃定兩國的邊界（如此整個阿克賽欽地區就屬於中國），不過清政府並未對這個建議做出回應[7]。此後由於中國持續內亂，英方認爲中國已經無力維持其西方邊界，新疆作爲對俄羅斯的緩衝區地位已經不再重要，因此決定謀求在喀什米爾與新疆之間建立對自己有利的戰略邊界線。英國殖民當局開始將英籍調查員約翰遜（W. H. Johnson）早在1865年所建議的喀什米爾與中國界線視爲英屬喀什米爾與中國之邊界，該界線一般稱爲約翰遜線（Johnson Line），將阿克賽欽直接劃爲喀什米爾拉達克地區之一部分[8]。印度獨立之後，印度政府開始向中國宣稱約翰遜線爲中印邊界，印度總理尼赫魯更在1954年宣稱阿克賽欽在過去幾世紀一直是拉達克的一部分，因此印度對此地區的領土主張是毋庸置疑的（見圖8-2）。

　　印度自獨立之後，繼承英國政策而將麥克馬洪線視爲地理上的中印兩國邊界，廣在該線以南地域設立哨所，並正式占領達旺。1954年印度在該地設立東北部邊境特區（North East Frontier Agency），歸外務部管轄（張敏秋，2004：66）。而西段阿克賽欽原本是高海拔無人地帶，但因爲是新疆

7　這是歷史上英國政府第一次在地圖上劃出一條明確的邊界線並且向中國正式提出。這條邊界線最早是由英國駐新疆喀什領事馬繼業（George Macartney）建議，並透過駐北京公使竇訥樂（Claude MacDonald）向總理衙門提出，因此日後被稱爲「馬繼業－竇訥樂線」Macartney-MacDonald Line）。見陳牧民，〈研究紀要－中印西段邊界爭議的遠因（下）〉，《南亞觀察》，2015年7月25日：http://www.southasiawatch.tw/detail/932/1。

8　此外，英屬印度外交部在1873年上呈給總督的報告中，曾畫了一條參考用的邊界線，稱爲1873年英國外交部主張邊界線（康民軍，2004：20-26）。

圖8-2　中印西段（阿克賽欽）爭議領土示意圖

資料來源：作者自行繪製。

進入西藏的必經之路，因此從1950年後由中國實質占領[9]。關於新藏公路的報導在1957年之後開始出現在中國媒體，立刻引發印度政府的警覺，認為中國在阿克賽欽地區修建公路的舉動是為了讓其對這個地區的占領成為既成事實（Garver, 2001: 82-83）。1958年9月，印度派遣一個偵察隊至阿克賽欽，證實中國在此地興建公路之後，立刻向北京提出抗議，北京反而指責印度武裝人員非法越界進入中國領土，雙方衝突正式公開化。

9　解放軍自1950年進入西藏之後，開始著手修建新藏、青藏、與川藏三條公路，以期解決內地至西藏的運輸及補給問題，其中的新藏線就從阿克賽欽進入西藏。

西藏問題

　　雖然歷屆中國政府一直宣稱西藏屬於中國，但在1950年之前西藏實際上是處於不受外界干擾的自治狀態，而印度是西藏對外交通與貿易的主要管道。獨立後的印度政府也繼承英國殖民時期的思維，將西藏視爲印度與中國的緩衝區，並設法讓西藏成爲印度的勢力範圍。1954年尼赫魯與周恩來簽訂解決西藏與印度間通商與交通協定，正式承認西藏是中國的一部分，並放棄在西藏地區所享有的一切治外法權時，國大黨政府內有許多人對這個決定感到不滿。尼赫魯被迫在國會中表態，表示其認知中國歷史上只對西藏擁有宗主權，而宗主權並不能被解釋爲主權；但他認爲北京與西藏之間的爭議終究會和平解決，因爲他看不出西藏會對中國產生甚麼威脅。1956年，達賴喇嘛十四世以參與佛陀2,500週年誕辰慶典的名義前往印度訪問，並向尼赫魯探詢留在印度並申請政治庇護的可能性。但尼赫魯反而勸其返回西藏（茨仁夏加，2011：201）。1959年3月西藏發生大規模武裝反抗運動後，達賴喇嘛前往印度避難，此時尼赫魯不僅改變態度給予政治庇護，還讓其在達蘭薩拉（Dharamsala）設立流亡政府。這個舉動觸怒北京，指稱印度違反不干涉中國內政的原則，公然支持西藏分離勢力。而印度各界則認爲一方面承認中國擁有西藏，另一方面給予西藏流亡政府實質援助的作爲，是其作爲主權國家外交政策靈活的表現。

1962年中印戰爭及其影響

　　領土爭議問題與西藏問題讓中印兩國關係在1950年代後期迅速惡化。其實在1954年尼赫魯第一次訪問中國時，就已經向周恩來表示中印邊界地圖「有誤」，希望中方能正視此一問題並與印度談判解決。當時周恩來的回覆是中國新政府剛剛成立，需要一些時間來調查瞭解。1958年到1959年間，尼赫魯與周恩來多次以公開書信的方式，表明本身對邊界問題的立場，但沒有明顯結果，此時在東段與西段邊界間已經開始出現零星的軍事衝突。周恩來在1960年4月前往新德里，進行第三次（也是他最後一次）對印度的訪問。在與尼赫魯談判時，周恩來提出「雙方相互接受東西兩段現狀」的建

議，也就是願意接受印度控制東段的事實，以換取印度放棄西段的領土要求，不過尼赫魯迫於國內壓力不願同意（Noorani, 2008）。印度軍方在1961年初開始執行「前進政策」（forward policy），在邊界上逐漸推進防衛據點的位置。而中方為了遏制印度軍隊勢力的推進，開始以火力摧毀這些據點。這些衝突到了1962年10月20日終於爆發為全面戰爭[10]。

在為期一個月的戰爭中，中國軍隊在東段戰線展現取得巨大的勝利，從喜馬拉雅山一直推進到阿薩姆平原才停止。11月21日，中國單方面宣布停火，並退回戰爭爆發前的實際控制線（Line of Actual Control），印度政府並未正式回應中方的停火建議，但因實際上沒有進一步的軍事作為，等於默認接受停火[11]。印度總理尼赫魯在戰爭後兩年去世，這場戰爭對其打擊很大，因為印度國內許多人指責他在軍事上領導無方而戰敗，而他本人則認定自己是遭到一個曾經完全信任的盟友（中國）背叛。而這種因戰敗產生的恥辱，以及感覺被中國背叛的心理一直持續至今，成為印度政治人物面對中國時心中很難抹去的陰影，政界還普遍存有「永遠不能信賴中國」的想法[12]。而中國學者則認為中印邊界戰爭對印度與中國產生了三個重大的影響：一、印度正式放棄不結盟政策，轉而與美國及蘇聯結盟；二、印度開始大力加強其軍事實力，建立在南亞地區的支配地位；三、促使中國與巴基斯坦結盟，此後中國透過巴基斯坦來制衡印度在南亞的力量（張敏秋，2004：98-103）。

戰後兩國曾經有十四年處於沒有互派大使的狀態，期間中國正式與巴基斯坦結盟以及印度兼併錫金等事件，在一定程度上都助長了中印之間的冷戰。1976年，印度總理英迪拉甘地（Indira Gandhi）決定向北京重新派遣大

10　關於中印戰爭前雙方外交折衝的過程見：張敏秋，2004：第二章；印度學者的對這段歷史的詮釋可見：Guruswamy and Singh, 2009: Chapters 4 & 5。

11　目前關於中印戰爭最具權威性的三份研究是澳大利亞記者Neville Maxwell所著之India's China War（1972）、印度陸軍J.P. Dalvi准將所撰寫的Himalayan Blunder（2010），以及中國軍事科學院所出版的《中印邊境自衛反擊戰爭史》（Maxwell, 1972; Dalvi, 2010；中國軍事科學院，1993）。

12　Neville Maxwell在其1972年著作中主張印度政府應為挑起戰爭負起較大責任，導致此書至今在印度仍然被禁。見："50 Years on, China Is an Opportunity as Well as a Challenge," *Times of India* (October 10, 2012), http://articles.timesofindia.indiatimes.com/2012-10-10/india/34362623_1_india-s-china-war-chinese-scholars-new-delhi.

使，而中國也同意向新德里派遣大使，兩國的外交關係始回復正常狀態。

不過雙方在重新建交的初期，關係發展十分緩慢。印度方面認為除非邊界問題獲得解決，否則中印關係不可能有任何真正的改善；而中國歷經文革等政治動盪之後，正式揚棄過去以意識型態掛帥的外交政策，也在嘗試以新的方式與其他國家發展關係。印度外長瓦杰帕伊（A.B. Vajpayee，1998至2004年間擔任印度總理）在1979年2月訪問中國，並與當時任副總理的鄧小平見面。兩年後中國副總理兼外長黃華回訪印度，此時剛重新掌握政權的鄧小平正式向印度方面提出了邊界問題的「一攬子」解決方案，也就是當初周恩來所建議的以東段換西段方案，但印度還是不願接受。

在黃華訪印之後，兩國政府開始同意就邊界問題展開定期談判，並將會談的層次定在副部長級。自1981年12月至1987年7月，雙方共舉行八輪副部長級會談，但是沒有任何突破性的進展。在這段期間內也發生了兩個對邊界談判頗有影響的事件。第一是1986年7月的桑多洛河谷（Samdorong Chu）事件，雙方指責對方的武裝人員越界；第二是1986年12月，印度國會正式宣布將東北部邊境特區升格為阿魯那恰爾邦（Arunachal Pradesh），也就是將東段爭議領土改制為真正的行政區。這個動作立刻遭到中國政府的強烈抗議，而印方則反控中國干涉其內政（Acharya, 2008: 39-40）。

雖然邊界談判沒有任何進展，印度總理拉吉夫甘地（Rajiv Gandhi）仍在1988年12月前往中國訪問。這次訪問在中印關係的發展過程中具有相當重要的意義：拉吉夫是繼1954年尼赫魯訪問中國後，三十四年來印度政府領導人首次前往中國訪問；而這也是自1962年邊界戰爭以來，中印兩國最高階層的政府首長接觸。最後拉吉夫在此行中與北京敲定共同建立一個邊界問題聯合工作小組（Joint Working Group，簡稱JWG）取代原來的副部長級會談，並決定該小組的負責人分別是中國外交部副部長與印度外交部秘書。邊界問題聯合工作小組的最大成就是在1995年的聯合工作小組第八回合談判，雙方同意在Wangdong地區裁撤四個軍事據點。此外，兩國政府也在1994年4月宣布進一步設立一個軍事與外交專家小組（Military and Diplomatic Experts Group，簡稱EG），定期會晤，為邊界問題聯合工作小組提供建議。

印度總理拉奧（P.V. Narasimha Rao）於1993年訪問北京時，與中國簽

訂「關於在中印邊界實際控制線地區保持和平與安全之協定」，這是中印兩國第一次就邊界問題簽訂的正式文件[13]。1996年11月，中國國家主席江澤民訪問印度時，進一步與印方簽署「關於在中印邊境實際控制線地區軍事領域建立信任措施的協定」，雙方進一步承諾在實際控制線削減和限制各自的軍力；在邊界地區避免進行師級規模的軍事演習；並禁止軍用飛機在實際控制線十公里以內飛行（張敏秋，2004：111-112）。這些規定顯示印中雙方努力地在邊界地區建立某種程度軍事互信機制。2005年4月，中國總理溫家寶首次訪問新德里時，與印度總理辛格簽署一項解決中印邊界問題的政治指導原則協定，這也是迄今爲止雙方在邊界問題上最大的進展。2003年瓦杰帕伊訪問中國期間，兩國政府也同意另外設立邊界問題特別代表會談（Special Representative Meeting），並指定中國副外長與印度國家安全顧問（National Security Advisor）爲雙方的首席談判代表。2005年後，聯合工作小組的會談功能由特別代表會談取代，但繼續保留軍事與外交專家小組會談，迄2015年爲止雙方共進行了十八回合的會談，但沒有明顯進展。前些年在有中國學者建議中國可以讓印度保有阿魯納恰爾邦，但希望至少收回面積約2,000平方公里的達旺地區[14]。但印度各界並不認爲這是解決東段邊界爭議的好方法[15]。

現階段印中關係：衝突與合作並存

　　如果就領導人之間的互動過程來看，今日中印兩國在許多議題上合作比衝突的情況多，有時甚至刻意避免做出刺激對方的舉動。舉例而言，1998

13　當時雙方在協定中同意：1. 互不使用武力或以武力相威脅；2. 將把實際控制前線地區各自的軍事力量保持在與兩國睦鄰友好關係相適應的最低水平；3. 任何一方都不在雙方確定的區域內進行特定規模的軍事演習；4. 雙方在實際控制線附近進行允許的特定軍事演習時應先通知對方。

14　中方所持的理由是達旺爲六世達賴喇嘛出生地，且在1950年之前一直是由西藏直接管理的地區。此外收回達旺至少有打破麥克馬洪線的意味，而中國認爲該線是帝國主義（英國）所留下的遺跡，必須因此重劃（劉朝華，2007a：47-8；2007b：35）。

15　本書作者曾多次就此問題就教於印度學術與智庫界學者，印方都認爲不可行。作者在2013年親自前往達旺實地考察時，也發現印度政府頗爲積極地開發該地區，包括有相當數量移民前往該地居住。

年5月，印度人民黨（BJP）上臺執政後立刻進行核子試爆，此舉違反國際社會禁止核擴散的共識，各國交相指責並施以經濟制裁。當時印度總理瓦杰帕伊宣稱來自中國的軍事威脅是促使印度發展核武的主要原因，不過北京對印度核武試爆的反應並不激烈，也沒有和西方國家一樣對印度進行制裁。印度總統K. R. Narayanan在1999年初對北京表示，印度並不視中國爲安全威脅的說法顯然也被中國方面接受。北京在1999年5月，印巴在喀吉爾的軍事衝突中不像過去一樣支持巴基斯坦，反而保持中立的態度，可見印度核武化並沒有改變北京對中印關係的基本立場（Sidhu and Yuan, 2003: 30-32）。

中印兩國在國際舞臺上有許多合作的案例：2002年起，中、印、俄三國外長每年定期舉辦會議，予外界三國逐漸走向結盟的印象。2009年9月，中國與印度、巴西、俄羅斯首次舉辦金磚四國高峰會（BRIC Summit），並將其建制化；在該年12月的全球氣候高峰會上，中國與印度率先達成一項減排協議；此外中國也申請成爲由印度發起的南亞區域合作協會（SAARC）觀察員，並接納印度成爲上海合作組織（Shanghai Cooperation Organization, SCO）觀察員；此外中國迄今爲止，並未明確反對印度成爲聯合國安理會常任理事國。

不過目前中印關係的發展在一定程度上仍然受邊界問題與西藏問題的影響，因此與這兩個議題相關的事件呈現出比較多的衝突。此外兩國在對巴基斯坦、雙邊貿易、地緣戰略布局等議題上也有許多意見不一致的地方，以下將分別討論之。

邊界與西藏問題

邊界爭議仍然是目前中印關係主要的衝突來源。自從1980年代初期鄧小平提出「一攬子」解決方案遭印度拒絕後，北京就不再公開表示願意「以東段換西段」，而是不承認阿魯那恰爾邦的法律地位[16]。2006年11月胡錦濤訪印前夕，中國駐印大使孫玉璽接受印度電視臺專訪時，表示阿魯那恰爾

16　部分中國學者私下對作者表示，北京對解決東段邊界爭議的基本態度是必須打破麥克馬洪線，因爲該線是英國帝國主義侵略中國的象徵，因此取回達旺多少有打破麥線的意味。

邦一直是中國的領土，孫的談話引發印度朝野不悅[17]。2009年6月間，印度向亞洲開發銀行（Asian Development Bank）提出貸款申請，將位於中印東段爭議領土的阿魯那恰爾邦列入計畫內，預計在該地區進行多項灌溉工程等基礎建設。此舉遭到中共的強力反對，理由是該地區爲中國宣稱領土，印度無權進行開發[18]。就在中國與印度持續就東段爭議領土爭論不休的同時，達賴喇嘛卻在2008年6月首度公開表示整個阿魯那恰爾邦，包括達旺都是印度的領土[19]。達賴喇嘛在2009年11月訪問達旺時，雖然表示其到訪純粹是爲了弘揚宗教，但也再度重申達旺與阿魯那恰爾邦都是印度領土的立場[20]。

近年來中國積極經營與開發西藏，在實際控制線上的建設也比印度積極，這些都對印度形成很大的壓力。2006年中國青藏鐵路完工通車後，印度政府決定解除過去三十餘年來禁止在阿魯那恰爾進行公路建設的政策。但直到2009年總理辛格才宣布將投入2,400億盧比的經費在阿魯納恰爾邦修建總長1,500公里的戰略公路[21]。印度投入邊境基礎建設的時間不僅比中國晚得多，其成效也受到技術與執行能力的限制。例如2008～2009年間印度政府編列5億盧比在邊境公路建設，但是最後使用的金額只有9,100萬，不到20%（Namrata Goswami, 2012）。除了邊界的基礎設施建設外，近年來印度媒體時常出現解放軍越界進入印度挑釁的報導，雖然這樣的報導有時難以獲得證實，但證明在邊界地區存在一定程度的緊張氣氛。2012年5月間印度內政部長M Ramachandran甚至在下議院質詢時表示，中國部隊在過去兩年

17　〈胡錦濤訪印前夕中國重申領土要求〉，《美國之音》，2006年11月14日：http://www.voafanti.com/gate/big5/www.voanews.com/chinese/archive/2006-11/w2006-11-14-voa33.cfm。

18　"China rebukes ADB over India fund," *BBC News* (June19, 2009), http://news.bbc.co.uk/2/hi/8109073.stm.

19　"Tawang is part of India: Dalai Lama," *The Times of India* (June 4, 2008), http://timesofindia.indiatimes.com/India/Tawang_is_part_of_India_Dalai_Lama_/articleshow/3097568.cms.

20　"Dalai Lam lands in Tawang, hits out at Beijing 'hard line'," *Times of India* (November. 9, 2009), http://timesofindia.indiatimes.com/india/Dalai-Lama-lands-in-Tawang-hits-out-at-Beijing-hard-line-/articleshow/5210308.cms.

21　根據本書作者於2012年3月赴達旺的實地考察，發現至少有三條公路正在進行施工，包括原本從阿薩姆平原最北端的城鎮Bhalukpong往北一直到達旺的52號國道（NH-52）拓寬工程，以及兩條從色拉隘口向西延伸到不丹的高山公路。

內曾非法越界（transgression）達505次之多[22]。不過當年9月中國國防部長
梁光烈訪問新德里時，印度國防部長安東尼（A. K. Antony）在雙方會談前
公開對媒體表示，中國軍隊在過去三年內並沒有出現越界行為，算是正式澄
清外界對中國軍隊是否越界的疑慮。2013年4月間，中國軍隊試圖在拉達克
實際控制線附近的Daulat Beg Oldi地區架設營地，印度立刻派遣軍隊抵達該
地，並在300公尺外架設營地反制，雙方對峙約三週後各自撤離，算是近年
來較為嚴重的邊界對峙事件[23]。

中印巴三角關係與喀什米爾問題

自1960年代以來，巴基斯坦便一直是中國在南亞地區最重要的政治與
軍事盟友，雙方關係密切的主要原因在於兩國過去都曾經與印度發生過戰
爭，都視印度為假想敵（Singh, 2007: 17）。2008年10月，巴基斯坦總統扎
爾達里（Ali Zardari）上任後，就立刻前往北京訪問並尋求經濟上的支持。
兩國不僅簽訂了自由貿易協定，中國還承諾修建一條以新疆喀什為起點、穿
越巴基斯坦直抵印度洋岸瓜達爾（Gwadar）港的跨國運輸線，兩國政府後
來同意在這條線的基礎上建立「中巴經濟走廊」（China-Pakistan Economic
Corridor），2015年中國國家主席習近平訪問巴基斯坦時甚至同意出資460
億美元協助該國打造該走廊[24]。

不過兩國關係最密切的領域還是在軍事合作與戰略性基礎設施的援建
上。中國一直是巴基斯坦最大的軍事供應國：巴基斯坦七成的戰機和坦克都
購自中國，巡弋飛彈與彈道飛彈也都由中國供應，近年來兩國還合作開發
一款新的JF-17（中國稱FC-1）梟龍戰機。自1990年代以來，中國已經協助

22　"China violates LAC 505 times in last two years," *The Times of India* (May 17, 2012), http://articles.
　　timesofindia.indiatimes.com/2012-05-17/india/31748482_1_chinese-troops-sq-km-finger-area-
　　pangong-tso.

23　由於中印邊界從未正式劃定，雙方對實際控制線的認知並不完全一致，在該線兩側，有一個約
　　20公里寬的地帶稱為「緩衝區」。依慣例中印雙方軍隊會在緩衝區交替巡邏，但都避免在此建
　　立永久性設施或軍事要塞，因此中國軍隊設置營地的舉動會遭致印方的強烈反應。

24　"China's Xi Jinping agrees $46bn superhighway to Pakistan," *BBC News* (April 20, 2015), http://
　　www.bbc.com/news/world-asia-32377088.

巴國建造過6座核子反應爐，讓巴國成為中國核電設備最大的海外市場[25]。2010年9月初，美國與印度媒體報導，中國將向巴基斯坦所控制的喀什米爾地區派駐萬餘名士兵，印度政府對此表示關切[26]。中國與巴基斯坦兩國對此都嚴正否認，指稱是刻意挑撥中巴關係的謠言[27]。中國國防部長梁光烈在2012年9月訪問印度時，特地透過中國大使館接受印度報紙的書面訪問，告訴印方中國從未在巴基斯坦控制的喀什米爾地區駐兵，也保證不會在印度洋沿岸國家設置軍事基地[28]。

即使中國不太可能向喀什米爾派兵，北京對此一爭議地區的態度近年來有逐漸強硬的傾向：這包括在中國出版的地圖上將喀什米爾劃在印度的領土之外，以及對來自印控喀什米爾地區人民發放不同於一般印度公民的簽證。2010年8月，中國政府拒絕對一位來自印控喀什米爾的印度將領發放簽證，導致新德里宣布暫停所有與中國在國防領域的交流。這些作為顯示中國政府認定喀什米爾是主權有爭議的地區，但印度解讀中國此舉是為了報復印度對阿魯那恰爾邦的主權宣示（Prashant Kumar Singh, 2010）。

雙邊經濟與貿易

中印貿易是近年雙邊關係來發展最顯著的領域之一，其發展速度之快甚至超越兩國領導人的預測。1990年雙方恢復接觸時貿易額僅有2.6億美元，到了2000年逐漸增加到29.14億美元。之後就呈現快速成長的態勢；2004年貿易額首度突破100億美元；2006年胡錦濤訪印時，兩國曾訂下到2010年貿易額突破500億美元的目標，結果2008年就達到517.8億美元；2009年雙邊貿易量遭遇全球金融危機而下跌到433億美元，但到2014年又增加到710億美

25　"China-built nuclear power plant benefit Pakistan," *Daily Pakistan* (September 11, 2015), http://en.dailypakistan.com.pk/pakistan/china-built-nuclear-power-plant-benefits-pakistan/.

26　Selig Harrison, "China's Discreet Hold on Pakistan's Northern Borderlands," *New York Times* (August 26, 2010), http://www.nytimes.com/2010/08/27/opinion/27iht-edharrison.html?_r=1.

27　〈巴基斯坦批駁中國派兵巴控喀什米爾傳聞 稱毫無根據〉，《環球網》，2010年9月1日：http://world.huanqiu.com/roll/2010-09/1063173.html。

28　"China Has No Plan for Indian Ocean Military Bases," *The Hindu* (September 4, 2012), http://www.thehindu.com/opinion/interview/china-has-no-plan-for-indian-ocean-military-bases/article3855313.ece.

元[29]。到2010年時中國已經取代美國，成為印度最大的貿易夥伴與第一大進口來源國，也是印度第三大出口市場；而印度則是中國第十大貿易夥伴（任佳，2010）。中印兩國雙邊投資的金額與貿易量相較則顯得偏低：截至2014年10月底止，中國對印度投資總額只有5億美元（中國對緬甸投資總額則高達142億美元），可說現階段中印經濟關係仍然是以貿易為主（Peter Martin, 2014）。

不過雙方巨大的貿易量背後卻是結構性的問題：中國對印度出口多為製成品與半成品，而印度對中國出口多數為初級產品，這使得中國享有鉅額的貿易順差──2008年為112.2億美元，2009年達159.5億美元，到了2014年更是達到480億美元[30]。印度屢次對中國產品祭出限制作為，包括反傾銷調查、發起貿易救濟措施、設置非關稅障礙等等。自1995年到2014年6月，印度對中國發起反傾銷調查案共165起，占印度對外反傾銷案總數的三分之一，成為對中國發起反傾銷調查次數最多的國家（薛靜，2015）。而中國學者對於中印貿易產生的摩擦也有相當多的研究，其中一份針對產業分析的論文指出，當兩國貿易商品不具有技術或資源優勢時（在中印貿易中，主要是勞力密集型製成品），貿易摩擦很難避免（張馳、史翔娜，2012）。2010年4月，印度政府以中國設備商的產品可能藏有間諜設備為由，宣布禁止25家中國企業所製造的電信設備進口。這是印度政府繼一年前宣布禁止中國製山寨手機進口之後，再度針對中國產品所做出的禁制令。雖然印度政府在四個月後宣布對中國製造的電信設備有條件解禁，但中國電信大廠如中興、華為等中國品牌至今在印度的發展仍然不如其他國家。

中國威脅論

隨著中國經濟快速發展與能源需求激增，中國政府近年來不斷在印度洋沿岸國家進行基礎設施的投資與援建，以期為中國打開前往南亞的交通與能源通路。這些建設包括協助巴基斯坦修建南方瓜達爾港（Gwadar Port）工

29　1990至1010年間貿易數字見楊莉、楊光（2010）。
30　〈中印建交六十週年，發展更為緊密的中印貿易合作〉，《北京週報網路版》，2010年3月26
　　日：http://www.beijingreview.com.cn/2009news/guoji/guancha/2010-03/26/content_258223.htm。

程、投資重建斯里蘭卡南部的漢班托特港（Hambantota）、以及投資孟加拉南部吉大港（Chittagong）深水港之興建工程[31]。其中對瓜達爾港與吉大港的建設還包括興建從中國境內興建延伸至此地的戰略公路或鐵路。印度及國際媒體普遍認為中國出資興建這些國家的基礎設施是其「珍珠鏈戰略」的一環，目的是確保海外能源通道的安全（Khurana, 2008）。印度自獨立後，一直將印度洋視為本身的勢力範圍，反對其他強權將勢力介入此一地區，並以維持南亞政治秩序的警察自居。1987年印度曾應斯里蘭卡政府之邀，派遣軍隊至該國進行維和任務；1988年更派兵至馬爾地夫弭平政變。因此印度十分忌憚中國積極在此一地區的投資與建設作為，認為這將挑戰其在此一區域的傳統霸權角色。

另一方面，印度也一再宣稱中國軍隊在兩國邊界上有許多挑釁的作為，甚至暗中支持印度境內的反政府勢力。印度前任外交部長慕克吉（Pranab Mukherjee，現任總統）在2008年6月初訪問中國時，曾公開指稱印度東北地區發現「中國製造的武器」，暗示中國支持該地區的反政府分離主義運動[32]。雖然中國政府一再否認印方指控，也表示中印關係一向友好穩定，不過印度總理辛格在2010年9月初接受媒體訪問時，首次罕見地公開警告說，中國正在擴張其在南亞的影響力，印度必須對此事實做出反應並提高警覺[33]，這是過去未曾出現的現象。

目前印度對中國的政策主軸是把中國視為一個競爭對手而非威脅，因此在與中國競爭的過程中，印度開始展現出更多的彈性，例如自2010年以來，印度開始將「一個中國」政策當成一種籌碼，也就是除非中國在喀什米爾問題上回到原來立場，否則印度不可能正式承認西藏與臺灣是中國的一部分[34]。另一個例子是鎖定越南作為主要的戰略合作夥伴：自從2007年印度

31　"Is Chittagong one of China's 'string of pearls'?" *BBC News* (May 17, 2010), http://news.bbc.co.uk/2/hi/business/8687917.stm.

32　〈《國際先驅導報》：印度國內噪音貫穿外長中國行〉，《中國新聞網》，2006年6月10日：http://www.chinanews.com/gj/gjxqdb/news/2008/06-10/1276872.shtml。

33　Alistair Scrutton, "Manmohan Singh says China wants foothold in South Asia," *Reuters* (September 7, 2010), http://in.reuters.com/article/idINIndia-51323020100907.

34　2010年12月溫家寶訪問印度時，雙方所發表的聯合公報首次沒有提到西藏與臺灣是中國不可分割的一部分。2012年3月作者在印度外交部智庫世界事務研究院（ICWA）參加座談時，印方學者指出這是印度政府改變一個中國原則立場的證明。

國防部長安東尼訪問越南之後，兩國正式建立戰略夥伴關係；2011年越南海軍總司令訪問印度時，兩國進一步將合作具體化，其中最重要的是印度開始幫越南代訓其潛艇部隊，而越南則同意讓印度艦隊使用南部的芽莊港作為整補基地[35]。

結論

美國華裔學者袁勁東在2006年中國國家主席胡錦濤訪問印度時，曾表示中印要進一步改善關係，首先必須克服「四個T」的障礙：威脅論（Threat perceptions）、領土糾紛（Territorial disputes）、中印美三角（Triangular of China-India-US）、中印巴三角關係（Triangular of China-India-Pakistan）[36]。迄今為止，這四個問題沒有一個獲得解決。因此可說中印關係表面的和諧，與兩國領導人刻意維護有很大關係。印度尼赫魯大學教授Alka Acharya也曾提出一個倒金字塔的模型，來解釋現階段的中印關係：在兩國社會的最上層，領導人與官員透過各種正式管道頻繁來往，是關係最密切的一群，彼此誤解也最少；在中層，雙方學術界、智庫、以及商界保持一定程度的交往，雖然不如上層交往全面通暢，但至少維持著一定的交流管道；在社會的下層，兩國人民少有往來，對彼此的瞭解也最少，也最容易產生誤解。她認為除非這種上層關係熱絡但下層缺乏接觸的結構翻轉過來，否則中印之間不可能真的走向和解（Acharya, 2008: 16）。相對起來，中國學者對中印關係的看法稍微樂觀，認為邊界問題不可能在短期內解決，但只要印度改變對中國的成見，不要宣揚中國威脅論，兩國之間還是有很大的合作空間。另一種說法是兩國將「鬥而不破」，也就是繼續在戰略上保持競爭，但避免走向最後攤牌。

---

35 Amruta Karambelkar, "Indo-Vietnam Defense Relations: Strategically Responsive," *Institute of Peace and Conflict Studies website*, (January 31, 2012), http://www.ipcs.org/article/india/indo-vietnam-defence-relations-strategically-responsive-3568.html.

36 袁勁東，〈胡錦濤訪印：中印關係面臨四大障礙〉，《亞洲時報網路版》，http://atchinese.com/index.php?option=com_content&view=article&id=25508&catid=189%3A2009-03-19-06-15-48&Itemid=1。

　　2014年印度總理莫迪上臺後，兩國關係開始邁入一個新的階段。莫迪過去在擔任古吉拉特邦邦長時曾經訪問中國四次，對中國並不陌生，而且還大加讚揚中國的經濟成就。因此在就任後，他主動邀請中國領導人習近平來訪（習果眞在2014年9月到訪），並且在2015年5月親訪中國。表面上來看，莫迪的策略是要借用中國的經濟實力來帶動印度的發展，而中國確實也表現出高度興趣：習近平在訪問印度時，共簽下12筆合作協議，承諾投資200億美元於印度的基礎建設[37]。但就在習近平到訪的前幾天，一支中國部隊卻在爭議邊界西段拉達克南邊的Chumar地區與印度軍隊發生對峙，危機持續十六天才告終止。

　　這種合作與衝突交替發生的狀況有時會讓外人無法精確判讀印中關係的發展，但這正是當前印中關係的寫照。無論印度與中國之間關係如何發展，無疑都會對未來亞洲政局發展產生深遠的影響。

37　"China's Xi Jinping signs landmark deals on India visit," *BBC News* (September.18, 2014), http://www.bbc.com/news/world-asia-india-29249268.

前言

從地圖上來看，南亞地區是以印度為中心，周圍包括了尼泊爾、孟加拉、巴基斯坦、斯里蘭卡等四個與印度文明關係密切的中型國家，以及不丹王國、島國馬爾地夫等微型國家（圖9-1）。印度的土地面積、人口與軍事實力都遠比其他國家大得多，其國內生產毛額（GDP）更占整個區域的八成以上，因此區域內的政治穩定、經濟發展、和平安全都具有舉足輕重的地位。印度曾在斯里蘭卡內戰最嚴峻的階段，派遣部隊進行維和任務，也曾應馬爾地夫政府要求出兵為其弭平政變，更在1975年兼併小國錫金（見本書第一章）[1]，說印度是南亞的區域霸權並不為過。

印度如何處理與這些鄰國的關係？這些國家又如何看待印度霸權？傳統國際關係理論，特別是現實主義，認為小國面對強權只能選擇「抗衡」（balancing）或「扈從」（bandwagoning）[2]。這兩個概念源於美國學者瓦特（Stephan Walt）在1987年所撰寫的《聯盟的起源》（*The Origins of Alliances*）一書。當時Walt主要的論點是一個國家在面對其他強權的威脅時，究竟會採取「抗衡」抑或是「扈從」策略，取決於其所認知的威脅來源，也就是後來現實主義者所說的「威脅平衡」（Balance of Threat）。平衡／扈從概念後來由吳玉山引介進入國內，成為解釋大小國權力不對稱時的一個模型，至今國內學術界對於這個模型的應用已經有相當多的討論（吳玉

1　1988年11月，馬爾地夫異議人士因不滿總統馬穆‧加堯姆（Maumoon Abdul Gayoom）第三度連任，聯合斯里蘭卡泰米爾武裝反抗力量，組成共計80名武裝分子，搭船從斯里蘭卡回馬爾地夫，試圖以政變方式推翻加堯姆政府；因馬爾地夫政府向印度求援，印度政府立即派遣1600名傘兵到達當地穩定局勢，迅速平定叛亂，史稱「仙人掌行動」（Operation Cactus）。

2　抗衡意指小國藉由增強本身實力或運用外力（與其他國家之間的聯盟）來抗拒大國要求其屈服的壓力；扈從則是小國單方面限制自身的行為一避免與大國的核心利益產生衝突。

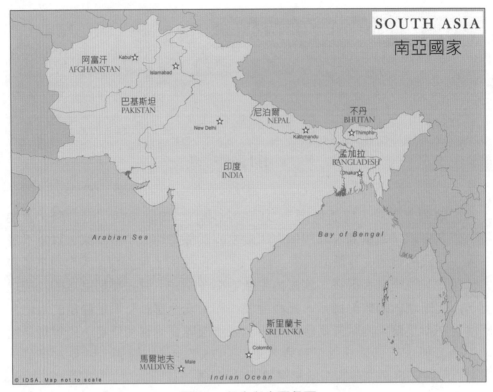

圖9-1　印度與南亞各國

資料來源：印度國防分析研究中心（IDSA）提供。

山，1997；2009）。後來David Kang在研究中國與周遭國家關係時進一步將避險（hedging）與適應（accommodating）這兩個選項加入，這樣就讓小國的策略選擇呈現出一種光譜的樣貌：扈從—適應—避險—抗衡（Kang, 2007: 51-55）[3]。

　　本章將嘗試用大小國權力不對稱的理論來分析印度與鄰國關係。主要的研究問題包括：南亞這些小國是否就一直心悅誠服地扈從印度，還是嘗試與其他國家合作來抗衡印度的影響力？印度如何利用其政經影響力來拉攏或施

3　避險策略指的是小國雖然不需要完全扈從大國，但對仍然畏懼其影響力，因此刻意避免與大國直接對抗；適應策略是小國並不畏懼大國，但也不刻意與其他大國結盟來保障自己的安全，算是介於「避險」與「抗衡」之間。

壓鄰國？由於印度與巴基斯坦的關係已經在第七章中處理，因此本章將只討論印度與尼泊爾、斯里蘭卡、孟加拉、不丹四國的關係。結論部分將說明莫迪政府的南亞政策。

印度與尼泊爾

位於喜馬拉雅山南麓的尼泊爾是南亞最古老的國家之一，也是歷史上夾在印度與中國之間的數個王國（西藏、錫金、不丹、拉達克）之中至今唯一仍能維持完全獨立狀態的國家。今日的尼泊爾在是18世紀時，由位在其西部山區的廓爾喀（Gorkha）王國領袖普里特維（Prithvi Narayan Shah）建立起來的，他在陸續征服加德滿都谷底上的三個小王國，並且在1769年定都加德滿都，正式建立沙阿王朝（Shah dynasty）。此時的尼泊爾勢力強大，曾經兩度出兵西藏（1788與1791年），甚至占領班禪喇嘛駐錫地日喀則。中國乾隆皇帝派遣福康安出征，尼泊爾最後被迫議和，史稱「廓爾喀之役」（Garver, 2001: 139）。

印度與尼泊爾的關係源自於英國殖民時期，1814～1816年英國對尼泊爾發動戰爭，迫使後者割讓大筆領土，但也因此讓英國決定不再進一步兼併。尼泊爾成為英國的被保護國，除了給予英國各種特權外，其外交也必須受英國監督。19世紀中葉，尼泊爾政權落入拉納（Rana）家族手中，由該家族獨攬軍政大權，連首相也由該家族男性世襲，國王則淪為傀儡。拉納家族藉著與英國維持良好關係以維持其國內獨裁統治，直到印度獨立時兩國關係才發生變化。1947年部分尼泊爾知識分子仿效印度成立國民大會黨（Nepali National Congress），與支持王室的勢力結合，主張推翻拉納家族獨裁統治，並獲得印度總理尼赫魯支持。1951年2月，在印度政府斡旋下，尼泊爾王室、尼泊爾國大黨、以及拉納家族三方達成協議，拉納家族同意交出政權，尼泊爾國王特里布文（Tribuvan Bir Bikram Shah）正式復位，宣布實施君主立憲制（梁晨，2011）。印度政府選擇支持國王復位而非推動民選政府，顯然是政治精算的結果，尼赫魯甚至親自說服尼泊爾國大黨領袖接受

特里布文國王親政（Muni, 2009: 33-34）。只是這個決策讓尼泊爾的民主發展延後了數十年才出現[4]。

在雙邊關係上，印度與尼泊爾早在1950年就簽訂和平友好條約（Peace and Friendship Treaty），這個條約基本上是1923年英國—尼泊爾條約的翻版，也就是由印度繼承英國對尼泊爾在國防外交上的指導權，印度得以派遣軍事代表團進駐尼泊爾，尼國不得向其他國家進口武器，這等於是將尼泊爾完全置於印度的防衛體系之中。同時該約也規定兩國邊界完全開放，人民與貨物可以自由往來，可以在對方境內置產與經商[5]。印度—尼泊爾和平友好條約是過去六十餘年來兩國關係發展的基石，但兩國內部對此一條約解讀完全不同——印方認為這樣的安排對尼泊爾有利，因為印度擁有廣大市場與發展機會，可以帶動尼泊爾的經濟發展；但尼泊爾人普遍認為這個條約對其國家非常不利，印度等於是繼承英國過去的所有特權，同時讓尼泊爾在外交國防事務上失去自主權（Sikri, 2009: 82）。1955年即位的馬亨德拉國王（Mahendra Bir Bikram Shah Dev）亟欲擺脫印度控制，開始採取較為中立的外交政策，1962年的中印戰爭時，尼泊爾宣布中立，顯示馬亨德拉國王對印度不再採取過去屈從的政策；同時尼泊爾政府也開始要求在國防事務上具有更大的自主權，最後在1964年印度同意尼泊爾可以向外國採購武器裝備，並在1969～1970年間撤走駐在尼泊爾的軍事代表團。可說在國防外交等事務上，尼泊爾至少已擺脫印度的絕對控制（梁晨，2011：114）。

在所有南亞國家中，只有尼泊爾與印度之間有開放邊界的安排，尼泊爾也是印度以外唯一以印度教為主要宗教信仰的國家，因此兩國無論在經濟社會文化各層面，關係都非常密切[6]。但兩國的政治關係並非一直和睦，主要原因是印度一直企圖影響尼泊爾內部的政治發展。1980年代尼泊爾國王畢蘭德拉（Birendra Bir Bikram Shah）在國內推行「無黨派評議會制度」

4　1960年尼泊爾國王馬亨德拉解散國會且凍結憲法，將首相（同時也是國大黨主席）柯伊拉臘（B. P. Koirala）軟禁，其他民主領袖紛紛逃至印度避難。

5　1950年印度—尼泊爾和平友好條約全文見以下網頁：https://web.archive.org/web/20080911035512/http://untreaty.un.org/unts/1_60000/3/9/00004432.pdf。

6　尼泊爾甚至在1962年憲法將印度教訂為國教。此外根據傳說，尼泊爾國王是印度教毗濕奴神（Vishnu）的轉世化身，因此國王具有政治與宗教雙重領袖的地位。

（Panchayat）[7]。此制讓國王獨攬大權，限制民主發展，印度總理拉吉夫甘地為了對尼泊爾政府施壓，同時防止畢蘭德拉國王在外交上倒向中國，於1989年刻意拖延續簽已經到期的貿易和過境條約。結果在條約期滿時，印度宣布關閉與尼國的通商口岸，此舉等於是對尼泊爾進行經濟封鎖，導致後者經濟立刻陷入困境。當年11月印度國會大選後由人民黨（新）上臺執政，情勢才有所緩解。其實印度政界對於如何處理對尼泊爾關係存在著兩種截然不同主張：一種是藉由對尼泊爾政府施壓來促使其進行政治改革，由這種立場延伸出反對王室獨裁、支持民主運動（特別是尼泊爾國大黨與共產黨）；另一種主張則是看重尼泊爾與印度在宗教與文化上的聯繫，認為必須支持尼泊爾王室。這兩種主張都是企圖將印度的想法強加到尼泊爾，使得兩國關係一直處於不穩定的狀態（Muni, 2009: 61-63）。

尼泊爾在2006年罷黜國王，改為民主共和體制，但與印度關係並沒明顯的改善。主要是尼泊爾三個主要政黨中只有國大黨與印度關係密切，其他二個都是共產黨。其中尼泊爾共產黨聯合馬列（Communist Party of Nepal, UML）過去一直走體制內議會路線，而過去在體制外進行抗爭的尼泊爾共產黨毛派（Communist Party of Nepal, Maoist）在民主化之後正式進入體制，並且成為國會主要政黨。毛派共產黨因為意識型態等原因，過去與中國關係較為密切，因此在2008年上臺執政後，與中國之間來往非常頻繁[8]。直到2013年11月尼泊爾舉行第二次制憲會議選舉，親印度的尼泊爾國大黨再度成為國會最大黨之後，兩國高層才開始恢復交往[9]。2014年8月，甫當選印度總理的莫迪訪問尼泊爾，成為過去十七年來首次訪問該國的印度總理。只是讓兩國關係陷入困境的「和平友好條約」至今仍然存在，印度

7　Panchayat源自於印度，主要是由地方長老組成委員會來處理公共事務，是印度在引進代議制之前地方自治的傳統制度。但尼泊爾的Panchayat是將政治權力集中在國王一身，國王可任命顧問來輔佐其施政，但禁止政黨活動，也沒有代議士選舉。尼泊爾在1960到1990年之間實行此一制度。

8　2008年8月到2010年底之間，尼泊爾共有一位總統、三位總理、四位外交部長、兩位內政部長訪問中國，中國總理溫家寶則在2012年1月訪問尼泊爾。見：〈中國同尼泊爾的關係〉，《中國外交部網站》，2013年1月：http://www.fmprc.gov.cn/chn//gxh/cgb/zcgmzysx/yz/1206_24/1206x1/t5767.htm。

9　尼泊爾改制共和後，在2008年選出制憲會議代表，但經過5年代表仍然無法就新憲法達成共識，因此在2013年11月舉行第二屆制憲會議選舉。

總理莫迪在訪問尼國時已經承諾將儘速重新訂約，惟至今雙方仍在商議階段[10]。

民主化之後的尼泊爾面臨的最大挑戰是如何重新分配政治權力：該國的人口大致分為兩個族群，其中多數是居住在山區的帕哈里族（Pahari），以及居住在南部平原地帶（稱為Terai地區）的馬德西族（Madhesi，大約占總人口的四分之一）。過去尼泊爾政治權力完全掌握在前者手中，但是馬德西族因為居住地域與印度北方邦（Uttar Pradesh）和比哈爾邦（Bihar）相鄰，使得這些邦的政黨向來非常支持馬德西族在政治上爭取更多權力。北方邦和比哈爾邦人口眾多，在印度國會擁有22%的席次，其政治立場對印度政府具頗大影響力，這使得印度政府近年來高度關切尼泊爾新憲法中的權力分配設計，成為尼泊爾—印度關係之中另一個難題（Sikri, 2009: 81）。

印度與斯里蘭卡

島國斯里蘭卡位於印度次大陸的南邊，和印度的泰米爾納度邦（Tamil Nadu）僅隔著一條53公里寬的保克海峽（Palk Strait），這使得斯國不管在政治、經濟、宗教及文化領域，長期以來均深受印度影響。僧伽羅人（Sinhalese）早在西元前5世紀就從北印度移民過來；而泰米爾人被認為約在同一時間從南印度移民而來。西元前250年左右，印度孔雀王朝阿育王（Ashoka the Great）派其長子摩哂陀（Mahinda）來此傳播佛教，此後僧伽羅人逐漸放棄原本的婆羅門教，並改信佛教，僧侶亦成為國王諮詢國事的重要智囊團。但在斯里蘭卡北部，南印度的泰米爾人曾多次入侵並與僧伽羅王朝互相征伐，最後在北部建立自己的根據地[11]。此後本島分屬各

10　India ready to revise 1950 friendship treaty with Nepal, *Times of India* (August 4, 2014), http://timesofindia.indiatimes.com/india/India-ready-to-revise-1950-friendship-treaty-with-Nepal/articleshow/39577338.cms.

11　斯里蘭卡目前的族群有僧伽羅人（占人口的74%）、泰米爾人（又分為斯里蘭卡泰米爾人與印度泰米爾人，占18.2%）、穆斯林（7.1%）、Burgher人（荷蘭人與本地人之混血族群，占0.3%）、以及少數馬來人後裔。見：陳牧民，〈斯里蘭卡總統大選現場報導(3)〉，《南亞觀察》，2015年1月12日：http://www.southasiawatch.tw/detail/870/18。

自統轄的王國領域，北部爲印度泰米爾入侵者建立的賈夫納王國（Jaffna Kingdom）、中部與東部地區則屬僧伽羅人所建立的「康提王國」（Kandy Kingdom），西南沿海則有「科提王國」（Kotte Kingdom）（張世澤、張世強，2006）。葡萄牙人在16世紀初抵達此地後，先後以武力征服科提與賈夫納，但康提王國因位於中部地勢顯要的山區，多次成功擊退葡萄牙與荷蘭殖民者的攻擊，獨立存在達三百年之久，直到1815年英國才以武力加以征服。英國爲進行茶葉生產，於統治期間從印度引進大批泰米爾人擔任茶葉種植工，讓斯里蘭卡成爲全世界最著名的茶產地，但這些移民也成爲日後兩國對移民國籍認定爭議的起源。在英國統治期間，雖然斯里蘭卡（當時稱英屬錫蘭）與印度是不同的殖民地，但雙方人員來往非常頻繁，印度聖雄甘地曾經在1927年就曾經造訪過此地，並且說錫蘭就像是「印度的女兒」；而印度首任總理尼赫魯在錫蘭獨立前就曾經數度造訪，對此地留下極佳的印象（Moorthy, 2008: 199）。

錫蘭在1948年脫離英國獨立，首先必須適應的是如何與同樣剛獨立成功的印度相處[12]。最初困擾兩國關係的是泰米爾茶葉種植工（也稱爲高地泰米爾人，Upcountry Tamils）的國籍問題：國會在當年11月通過法案，剝奪這些人的公民權利，受影響的泰米爾人多達70萬。直到1964年才由兩國總理簽約解決，賦予30萬人斯里蘭卡公民身分，另外52.5萬人遣返回印度，另外15萬人的身分留待未來雙方協商解決（Pillai, 2012）[13]。

眞正影響印斯關係的是泰米爾族群獨立問題。1956年斯里蘭卡國會通過語言法（僧伽羅唯一法案，Sinhala Only Act），將僧迦羅語定爲唯一官方語言，此舉限制泰米爾人進入政府工作與受高等教育的機會，也使泰米爾人面對法律程序上處於不利地位；此外，政府在開發政策上忽略泰米爾人居住的北部與東部地區，泰米爾人對政府的不滿情緒逐漸升高[14]。

---

12 獨立前斯印兩地都有政黨倡導讓錫蘭加入印度聯邦，但並未成爲主流意見。僧伽羅人與佛教圖多認爲斯里蘭卡應該保持其獨立地位，並且以過去兩千多年來抗拒印度影響能保持獨立的歷史感到自豪（Ganguly, 2010: 38）。

13 到了1974年，印度總理英迪拉甘地與斯里蘭卡總理班達拉奈克夫人（Sirimavo Bandaranaike）同意各自收留75,000人，但因行政效率等種種原因，整個遣返作業直到1988年才完成（Ganguly, 2010: 40-41）。

14 關於斯里蘭卡族群衝突與內戰爆發的原因，可參考Malik et al, 2009: Chap. 22。

1970年代，一些年輕激進的泰米爾人開始組織一些稱為猛虎（Tigers）的團體，以暴力方式攻擊僧迦羅裔軍警與政客，其中以普拉巴卡蘭（Velupillai Prabhakaran）在1976年創設的「泰米爾之虎」（Liberation Tigers of Tamil Eelam, LTTE）最為著名。泰米爾之虎游擊隊在1983年7月間對位於北部賈夫納半島的政府軍事基地發動攻擊，開啓內戰的序幕。這場戰爭導致多達十五萬的斯里蘭卡泰米爾人逃至印度泰米爾納度邦避難，由於兩地語言與文化出於同源，使得該邦各政黨無一例外地支持斯里蘭卡泰米爾人，邦政府不僅給予難民庇護，要求中央政府對斯里蘭卡政府採取嚴厲制裁行動，甚至容許泰米爾之虎在該邦進行訓練與補給。而印度政府的確也一方面對斯里蘭卡政府施壓，另一方面則透過情報單位對泰米爾之虎提供援助與訓練。實際上印度政府的策略更像是利用斯國內戰的機會來削弱斯國政府（以及操縱泰米爾之虎各派系），而不僅僅是出於對泰米爾同胞的同情[15]。

印度在1987年與斯里蘭卡簽訂和平協定（Indo-Sri Lanka Peace Accord），斯里蘭卡政府同意讓北方省份擁有更高的自治權，以換取泰米爾之虎停止武裝鬥爭的承諾，而印度政府則同意派遣6,000名維和部隊（Indian Peace Keeping Force, IPKF）進駐斯里蘭卡監督停火進行[16]。但由於泰米爾之虎並未獲邀參與談判，拒絕放下武器投降，轉而與印度維和部隊開戰，讓這場戰爭變成死傷慘重卻尾大不掉的負擔，被譏為「印度的越戰」（Ganguly, 2010: 45）。兩年後印度決定撤兵之際，已經有多達1,100名印度軍人死於這場失敗的維和任務。1991年5月，泰米爾之虎派遣的女性敢死隊成員以自殺炸彈方式殺死四年前派兵介入內戰的印度前總理拉吉夫甘地，當時他正代表國大黨以下議院議員候選人的身分在泰米爾納度邦進行造勢活動（見第二章）。

由於斯里蘭卡維和的失敗經驗以及拉吉夫的暗殺事件，使得此後印度政

---

15 由於印度在1971年曾出兵協助孟加拉脫離巴基斯坦，使得斯里蘭卡政府一直擔心印度會直接出兵協助泰米爾人獨立建國，因此開始採取一些反制策略，如與西方國家交好，與巴基斯坦、中國進行軍事合作等等。兩國關係在斯國內戰開打後進一步惡化，這也促成印度想利用簽署印斯和平協定來穩定與斯里蘭卡關係（Sikri, 2009: 76-77）。

16 當時斯里蘭卡政府同意以修改憲法的方式將權力下放地方議會，稱之為第十三號修憲案。關於該修憲案的後續發展，見：高佩勳，〈斯里蘭卡第十三次憲法修正案與種族衝突問題〉，《南亞觀察》，2013年9月24日：http://www.southasiawatch.tw/detail/440。

府對於泰米爾問題變得更爲謹慎，不再像過去一樣試圖操縱斯里蘭卡政局，同時將泰米爾之虎宣告爲恐怖組織。而斯國內戰則持續了26年，直到2009年才由總統拉賈帕克薩（Mahinda Rajapaksa）以軍事手段平定。

　　印度雖然不再支持泰米爾叛軍，但也不樂見拉賈帕克薩以軍事手段處理內戰的作法，使得斯里蘭卡政府在2005年之後開始轉向中國尋求援助，而中國也頗爲慷慨地爲斯里蘭卡提供各式武器裝備。印度智庫學者指稱中國對斯里蘭卡的軍援，每年高達10億美元[17]。另一方面，中國也大舉投資斯里蘭卡的各項基礎建設，包括重建因南亞海嘯受創的漢班托特港（Hambantota）、高速公路、機場等等，據估計在拉賈帕克薩主政期間（2005～2015年），中國總共向斯里蘭卡借貸40億美元[18]。也因爲斯里蘭卡在外交上變得過份依賴中國，使得中國因素成爲2015年總統大選的主要議題之一。2015年1月9日，在野聯盟共同候選人斯里塞納（Maithripala Sirisena）以51.3%的票數擊敗拉賈帕克薩贏得選舉，成爲1978年憲法施行後第六屆總統。斯里塞納總統就任後三週就出訪印度，獲得印度總理莫迪熱誠接待；而莫迪也在一個月後立刻回訪可倫坡，這顯示斯里蘭卡已經從過去10年的親中立場轉回與印度交好的傳統路線[19]。

印度與孟加拉

　　孟加拉是1971年從巴基斯坦分裂出來的新國家，在其誕生過程中印度扮演十分關鍵的角色。當時印度認定介入東巴基斯坦（即孟加拉）獨立戰爭

17　V.Suryanarayan, "Explaining China's Growing Influence in Sri Lanka," *C3S Paper*, No. 491 (May 6, 2010), http://www.c3sindia.org/srilanka/1335.

18　陳牧民，〈陳牧民觀點：西方拿得出更優渥的條件嗎？—中國在斯里蘭卡布局系列2〉，《風傳媒》，2015年2月25日：http://www.storm.mg/article/42481。

19　2006年3月，斯里蘭卡政府宣布將與印度簽署經濟科技合作協定（Economic and Technological Cooperation Agreement），促進兩國在科技領域與服務貿易的整合。但斯國國內各界認爲此協定對印度有利，因此反對聲音不小（此一爭議頗類似2014年在臺灣引發太陽花學運的「服貿協議」）。截至本章寫作爲止，斯國國內各界仍在辯論此事。見：C. A. Chandraprema, "Why proposed ETCA 'framework' should never be signed," *The Island*, (March 20, 2016), http://www.island.lk/index.php?page_cat=article-details&page=article-details&code_title=142384。

不僅是爲了減輕因大量難民湧入印度所造成的負擔，也是爲了消除巴國長期對印度構成安全威脅的必然策略[20]。因此在孟加拉獨立後，兩國領袖立刻簽訂友好合作與和平條約；印度也在本身並不富裕的情況下，慷慨地對這個新獨立的鄰國提供經濟援助：在孟加拉獨立的前四年，印度就提供了3億美元以上的援助，居該國所有外援的第二位（劉建，2010：144）。但是兩國關係並非一直順遂，主要是孟加拉獨立初期政治極爲不穩定，首任總統穆吉布・拉赫曼（Sheikh Mujibur Rahman）在1975年軍方發動的一場政變中遭到殺害[21]。繼任總統的軍事強人齊亞・拉赫曼（Zia Rahman，在位期間1977～1981年），也在1981年遭到暗殺身亡。這段期間孟加拉長期處於軍人獨裁統治，而印度不僅繼續維持與軍政府關係，甚至支持以政變方式上臺的艾爾沙德將軍（Hussain Mohammad Ershad，在位期間1981～1990年），即使艾爾沙德執政期間並沒有對印度表現出特別友好的態度。1990年時，軍政府在各方壓力下交出政權，同意舉行民主選舉，兩國關係才逐漸有所改善。1991年以來，孟加拉大致是由穆吉布・拉赫曼長女哈西娜（Sheikh Hasina Wazed）所領導的「孟加拉人民聯盟」與前總統齊亞・拉赫曼的遺孀卡莉達・齊亞（Khaleda Zia）所領導的「孟加拉民族主義黨」（Bangladesh Nationalist Party）兩黨交替執政。哈西娜在其父親遭暗殺之後流亡印度並受到印度政府庇護，因此在執政後，其外交政策比較傾向於和印度交好，印度學者也認爲「孟加拉人民聯盟」執政對兩國關係比較有利（Datta, 2005: 276-277）。不過在哈西娜於2009年1月就任總理以來，印孟關係之發展並不如外界想像的那麼順遂。

從地理上來，孟加拉國土三面被印度環繞，又位於恆河與普拉瑪普特拉河（Brahmaputra River，流經阿薩姆平原，上游在西藏境內爲雅魯藏布江）下游，因此與印度之間的關係非常密切。水資源分配一直是兩國衝突的主

20　1970年巴基斯坦舉行國會選舉，東巴基斯坦的孟加拉人民聯盟（Bangladeshi Awami League）獲得多數席次，但巴國軍方與政府不願讓孟加拉人民聯盟出面籌組政府，也否決東巴基斯坦人民要求自治的訴求，孟加拉人民聯盟領袖穆吉布・拉赫曼在1971年3月宣布獨立建國，西巴基斯坦立刻派軍隊鎮壓，此爲孟加拉獨立戰爭。印度在戰爭期間全力協助孟加拉人民，並接納了多達1,000萬的難民，最後在當年12月引發與巴基斯坦的戰爭，巴基斯坦最後戰敗，只好同意孟加拉獨立。

21　印度學者S. D. Muni的研究顯示印度情報單位原來已經掌握軍方即將發動政變的若干證據，但是卻未能及時告知孟加拉政府（Muni, 2009: 69-74）。

因，1996年時兩國總理曾經簽署「共同分享恆河水資源條約」，該條約內容主要是真針對枯水期間（每年1～5月）如何分享恆河水資源，有效期為三十年，算是暫時解決此一爭議（劉建，2010：145）[22]。除了水權爭議之外，兩國之間還存在另外三個更大的問題：

第一是跨境人口移動問題。印孟兩國之間國界長達4,094公里，孟加拉人的語言與印度的西孟加拉邦完全相同，使得大量孟加拉人（大約每年50萬）非法進入印度打工甚至定居，據估計在印度境內的孟加拉非法移民有2,000萬人之多；另一方面印度東部及東北部的分離主義團體有時遁入孟加拉境內躲藏，讓印度無法有效圍剿。近年來有些恐怖主義組織也以孟加拉為基地，再進入印度發動攻擊（Sikri, 2009: 59-65）。在印度境內的孟加拉非法移民往往與印度本地居民（特別是西孟加拉邦與東北地區）發生衝突，有些還從事各類走私行為，對印度的國內安全構成重大威脅。對印度來說，有效減少非法移民與走私必須仰賴孟加拉政府的合作。

印孟之間的第二個問題是邊界爭議，兩國邊境上有一系列屬於對方的「飛地」（enclave），也就是本身領土完全被其他國家領土包圍的情況。由於這些飛地孤立於母國領土之外，使得居住在其上人民在生活與行動上受到很大的限制，除了本國基本的醫療、教育、社會福利等資源無法進駐外，基礎建設也相對匱乏，就連旅行也受到限制：飛地居民一旦離開就有進入他國領土之跨國界問題。印度與孟加拉之間共有162塊飛地，其中111塊位於孟加拉境內，另外51塊在印度，居住在這些飛地的居民大約有5萬人[23]。這些飛地都是歷史遺留下來的問題，但歷經1947年印巴分治與1971年孟加拉獨立，印孟雙方一直對於如何解決仍然無法達成共識[24]。不過在2014年印度人民黨上臺之後此事出現轉機，在2015年6月，印度總理莫迪訪問孟加拉時，與孟國總理哈西娜簽訂交換飛地的協議。該協議約定將彼此的飛地完全交換，因此印度獲得51塊位於印度本土的孟加拉國飛地（約7,110英畝），

22　除了恆河之外，兩國之間仍有Teesta河水權爭議，該河在孟加拉北部的Nilphamari地區入境內後與普拉瑪普特拉河匯流，此河水權爭議至今仍未解決，見Dutta, 2010。

23　Enclaves swapped in landmark India-Bangladesh border deal, *BBC News* (July 15, 2015), http://www.bbc.com/news/world-asia-india-33733911.

24　藍筱涵，〈等待一輩子的新生：印度─孟加拉飛地轉讓〉，《南亞觀察》，2015年8月11日：http://www.southasiawatch.tw/detail/939/17。

而孟加拉則獲得位於孟加拉國本土的111塊印度飛地（約17,160英畝），飛地上的居民則可以自行選擇印度或孟加拉國作爲他們的國籍。該協議已在2015年7月31日正式生效。

　　第三是孟加拉與中國的關係。哈西娜總理上臺後，積極尋找外資協助興建南部的吉大港（Chittagong），並在2010年3月飛往昆明，與中國政府簽訂一項共同開發吉大港的意向書，中國同時也同意參與建設一條從吉大港經緬甸連接到昆明的公路[25]。哈西娜政府積極向中國尋求協助的作爲，頗讓印度政府與戰略學界感到憂慮，因爲如果此計畫成功，中國就可以從雲南打開一條到孟加拉灣的通路，與巴基斯坦瓜達爾港、斯里蘭卡漢班托特港連成一線，完成對印度的戰略包圍，戰略意義非同凡響[26]。因此在印度莫迪總理上臺後頗爲積極地改善與孟加拉關係，在2015年6月訪問孟加拉的行程中，莫迪與哈西娜簽訂了一系列合作協議，讓印度貨輪可以使用吉大港[27]。就在莫迪訪問三週後，孟加拉政府宣布將接受由日本投資建設的Matarbari深水港工程，並暫緩原來計畫由中國建設港的Sonadia港工程（兩地相隔25公里）[28]。日本打敗中國成爲孟加拉港口建設的主要承建者，印度政府的角色至爲關鍵，這也讓印孟關係變成印中（國）角力中的一環。

印度與不丹

　　歷史上不丹作爲一個地理區域，受到西藏文化與宗教的影響很深，但一直到近代之前都沒有形成統一的國家，西藏政府曾經多次嘗試將這個地

25　Hasan Jahid Tusher, "Beijing positive on Ctg-Kunming road," *The Daily Star* (March 8, 2015), http://www.thedailystar.net/beijing-positive-on-ctg-kunming-road-57483.

26　但孟加拉政府否認向中國尋求基礎建設投資是爲了抗衡印度。相關報導見：Mukul Devichand, "Is Chittagong one of China's string of pearls'?" *BBC News*, (May 17, 2010), http://news.bbc.co.uk/2/hi/business/8687917.stm。

27　Ankit Panda, "India Plucks a Pearl from China's 'String' in Bangladesh?" *The Diplomat,* (June 7, 2015), http://thediplomat.com/2015/06/india-plucks-a-pearl-from-chinas-string-in-bangladesh/.

28　"Japan Beating China in Race for Indian Ocean Deep-Sea Port," *Bloomberg News* (June 24, 2015), http://www.bloomberg.com/news/articles/2015-06-23/japan-beating-china-in-race-for-bangladesh-s-first-deep-sea-port.

區納入其統治範圍也未能成功。今日的不丹政體——不丹王國，是在1907年由烏顏‧旺楚克（Ugyen Wangchuk）所建立的，這個王國在外交上受到英國的「指導」，實際上是英國的被保護國。從旺楚克一世建國至今，不丹共出現五位國王，其中第二位國王吉美‧旺楚克（在位期間1926～1952）在1949年與剛脫離英國獨立的印度簽訂「友好條約」（Treaty of Friendship），該約同意印度對不丹的外交事務扮演指導性角色，並且建立兩國間國防事務的密切合作。兩年後中國取得對西藏的控制權，並在1950年代占領部分屬於不丹的領土，嚴重威脅其生存安全，不丹只能選擇仰賴印度保障其國家安全，此後在外交政策上變得更加扈從印度。

1950年代的不丹仍然是處在一個極度封閉的環境之中，境內沒有現代化道路，連印度總理尼赫魯在1958年的訪問都必須仰賴氂牛當運輸工具。在這次訪問中，尼赫魯同意對這個山中小國提供各種援助，包括各級學校教師、能源供應、財政補助等等[29]。但也因為印度的制約，不丹的對外關係發展很慢，直到1971年才獲其同意申請加入聯合國，同年與印正式建交並互派大使（Garver, 2001: 180）。2007年不丹與印度重新簽訂了友好條約，將過去條約中「不丹外交關係受印度政府指導」的字句修改成「兩國政府將積極合作以維護雙方的國家利益」，新修訂的字句讓不丹看起來更像一個主權獨立的國家。即使如此，不丹在發展對外關係的時候仍處處展現出尊重印度的態度，與其他國家建交前大概都會先獲得後者的默許。迄今與不丹有正式外交關係者只有53國，都是一些中小型國家[30]。聯合國安理會五個常任理事國（美、中、英、法、俄）與不丹均無邦交；而與不丹建交的國家中，只有印度、孟加拉、科威特三國在不丹設有大使館。印度同時也負責不丹的國防事務，在不丹設置印度軍事訓練團（Indian Military Training Team, IMTRAT），協助該國訓練國防軍（Sikri, 2009: 88）。

印度與不丹之間並不存在領土或其他外交糾紛，但是1990年代所出現「難民問題」曾經在一段時間內對兩國關係造成負面影響。此事起因是不丹

---

29 今日外國遊客到不丹，發現此地年輕人都能用英語溝通，以為這是不丹政府有遠見，很早就推行英語教育來走向國際化，其實這是因為當年不丹境內缺乏師資，只好靠印度政府招募教師至不丹教學。印度教師以英語為教學語言，反而讓不丹學童提早全面接受英語教育。

30 Website of Ministry of Foreign Relations, Royal Government of Bhutan, http://www.mfa.gov.bt/foreign-policy/bilateral-relations.

南部居住了大量來自尼泊爾的移民，稱為Lhotshampas族，不丹政府一直不願給予這些說尼泊爾語、信仰印度教的外來移民公民身分，並在1990年代初期將總數約10萬人的移民驅逐到印度境內。而印度政府竟然不與不丹或尼泊爾政府討論，反而將這些難民全數驅逐到尼泊爾。這樣的作法遭到國際社會的責難，最後還勞動美國、加拿大、挪威等國出面接納難民，此事才告解決（Sikri, 2009: 90）。

　　不丹第四任國王吉美・新格・旺楚克（Jigme Singye Wangchuk，在位期間1972～2006）在2006年1月宣布將王位讓給其長子吉美・凱薩爾・納姆耶爾・旺楚克（Jigme Khesar Namgyel Wangchuck，在當年12月正式即位），並將王國改為立憲君主制，設立兩院制國會。兩年後該國進行了首次國民議會（下議院）選舉，選出47位議員，由支持王室的不丹繁榮進步黨（Druk Phuensum Tshogpa）取得45個席次，黨魁吉美・廷里（Jigme Thinley）出任首相。廷里上任後積極參與國國際事務，甚至親自飛往聯合國參加關於「幸福指數」的國際會議。2012年6月，廷里在里約熱內盧舉行的聯合國地球高峰會上與中國總理溫家寶見面，這是歷史上第一次兩國政府總理的正式接觸，雖然事後廷里表示此次會面是為了爭取讓不丹進入聯合國安理會，但中國媒體的報導卻是「不丹總理希望儘快與中國建交」。此舉似乎踩到印度設定的紅線：2013年選舉前，印度政府突然決定暫緩撥付給不丹的財政補助，並宣布停止對不丹的煤油與天然氣供應。這對原本經濟狀況不佳的不丹無疑是雪上加霜：近年來因為印度盧比大幅貶值，讓貨幣與盧比掛鉤的不丹吃足苦頭：貸款遭到凍結、政府被迫縮減支出、連車輛進口都受到限制。反對黨「人民民主黨」（People's Democratic Party）最後在選舉中取得國會過半席次成為新執政黨，由策林・托傑（Tshering Tobgay）擔任總理。

　　從地理位置來看，不丹最大的缺點是過於孤立，歷史上幾乎只和西藏和錫金交往，與印度、中國這兩個亞洲古老文明反而殊少聯繫。但是印中兩國在20世紀中葉後成為了不丹的鄰國。不丹與中國沒有邦交，雙方邊界在1960年關閉之後就沒有再重新開放，1966年與1979年還兩度發生小型軍事衝突。1984年間雙方開啓邊界談判，就七段爭議領土進行討論，至今已進行了23回合，在第22回合談判中雙方同意在其中一段爭議領土（Bayul-

Pasamlung之間的496平方公里土地）建立一「聯合調查團」（joint technical field survey）[31]。目前中國對不丹最大的吸引力是經濟，歷史上不丹與西藏之間的貿易往來非常密切，但後來因爲邊界封閉，不丹與中國之間的貨物往來都必須透過印度。雖然兩國貿易量不大（每年只有100萬美元），但是如果能夠直接貿易，對不丹國內經濟會有很大的幫助[32]。

　　2013年不丹選舉結束後，印度總理辛格立刻拍發賀電給不丹新政府，而新任總理托傑也在當年8月底訪問新德里，獲得約9億美元（540億印度盧比）的援助，不丹的經濟困境暫時得到舒緩，而印度也如願得到不丹「效忠」的保證。中國與印度在不丹的權力角力至此告一段落，但隨著中國在南亞地區的影響力增加，不丹這個位於中印之間的小國，未來可望會繼續成爲兩大強權戰略競爭的目標。

結論

　　從大小國權力不對稱的角度來看，印度與南亞各國的關係大致可以擺在「扈從、避險—適應—抗衡」的光譜上。其中不丹與巴基斯坦（見本書第七章）剛好位於兩端：不丹對印度完全扈從，至今在其外交與國防事務上仍然聽從新德里的建議，避免做出危及印度國家利益的決定；巴基斯坦對印則採取抗衡策略，並聯合域外強權中國來共同牽制印度。尼泊爾、斯里蘭卡、孟加拉三國對印度的態度介於這兩個極端政策之間，其中尼泊爾與印度之間實行開放邊界政策，兩國人民之間密切往來，尼國能源與民生物資也多從印度進口，使得印度擁有操縱尼國政情的能力。2015年9月，尼泊爾制憲會議終於通過聯邦制新憲法，但是馬德西族認爲此憲法並未給予該族完整的政治代表權，進而發動示威抗議。印度政府爲了支持馬德西族，非正式地關閉兩國

31　Gyalsten K. Dorji, "23rd round of Bhutan-China border talks held," *Kusnsel On Line* (August 25, 2015), http://www.kuenselonline.com/23rd-round-of-bhutan-china-border-talks-held/.

32　不丹境內全面禁煙，但是市面上還是買得到中國香煙，可見邊界走私的情況的確存在。此外，本書作者第一次前往不丹時（2013年）並未看到來自中國的旅客，但在2014年6月第二度前往時，發現已經有中國旅行團前往該國旅遊。不丹當地旅遊業者也積極吸引中國觀光客前來。

邊界長達135天，讓尼國經濟與能源陷入危機[33]。但尼泊爾並非完全沒有抗衡印度的實力：其位於中印之間的特殊地理位置使得尼泊爾政府在面對印度壓力時會選擇與中國合作。根據尼泊爾前駐印度大使Lok Raj Baral的說法，尼國外交政策是設法在中印兩大強權之間保持平衡，不過尼泊爾受印度影響（文化、政治）比中國大得多，印度持續對尼泊爾的政治產生影響力，只是表面上宣稱不介入而已[34]。

　　印度對孟加拉的政策較為溫和，很少對該國祭出懲罰性政策（即使在該國政治最獨裁的階段，印度仍然維持與孟加拉政府的關係），反而比較以利益誘使孟加拉合作，主要原因有二：一、孟加拉在經濟發展與外貿上並不受印度制約，這與其地理位置有關；二、對於兩國之間的問題如移民與走私，印度必須仰賴孟加拉政府的合作。過去印度曾經認為支持由哈西娜領導的「孟加拉人民聯盟」執政對於雙邊關係有利，因此即使哈西娜贏得2014年國會大選的過程有所爭議，印度政府一直保持緘默[35]。

　　和孟加拉相比，孤懸海外的島國斯里蘭卡的主體民族僧伽羅人在語言、宗教與文化上都更具有獨特性，加上過去在政治與經濟發展上都較為獨立，似乎更具有抗衡印度的條件。不過因為斯國北部泰米爾人獨立運動在印度（特別是南部泰米爾納度邦）獲得廣泛支持，迫使印度政府介入斯里蘭卡政治，甚至一度捲入內戰。斯國外交政策在2005到2014之間明顯向中國傾斜，但在斯里塞納擔任總統之後重新修正。印度對斯里蘭卡的政策並不如對其他鄰國強勢，因此斯里蘭卡並無必要對印度採取抗衡的策略。斯國學者多認為維持與印度中國之間的等距關係最符合其外交利益，但因為過去十年來過度向中國傾斜的結果，使得現在的政府必須重新找出與印度關係的平衡

33　方天賜，〈沒有贏家的博弈—印度與尼泊爾的邊界封鎖爭議〉，《風傳媒》，2015年2月28日：http://www.storm.mg/article/83332。

34　此為作者於2012年1月赴加德滿都訪問Dr. Lok Raj Baral之內容。

35　在此次大選中，多數政黨（包括最大反對黨孟加拉民族主義黨發動抵制，不推派任何候選人，並呼籲人民投廢票，導致孟加拉人民聯盟大勝，贏得341席中的273席。

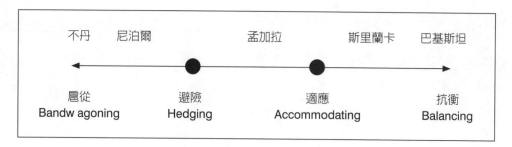

圖9-2　印度與南亞各國關係圖

作者自行繪圖

點，因此在未來幾年內將試圖維持與印度交好的路線[36]。印度與南亞各國之間的關係，應可以用以圖9-2來表示。

　　自從印度人民黨2014年上臺執政以來，印度政府的確已經將強化與南亞諸國的合作列為外交政策的重點，莫迪上任時便大方邀請到南亞所有國家元首（包括宿敵巴基斯坦總理夏立夫，但孟加拉總理哈西娜因故未出席）參加其就職典禮，此為過去從來未有之舉措。莫迪本人更是在就任短短一年內遍訪所有南亞鄰國，順勢解決了與孟加拉的飛地問題，並讓尼泊爾、斯里蘭卡、不丹回到傳統親印度的路線上。但印度與鄰國之間的關係似乎仍然在「抗衡—扈從」的光譜之間擺盪。如何維持與鄰國的穩定關係並化解糾紛，將繼續考驗莫迪的外交智慧，也是印度是否能坐穩南亞霸主的關鍵所在。

36　可倫坡大學國際關係系教授Amal Jayawardane在2015年2月接受本書作者訪談時表示：雖然斯里蘭卡近年來獲得中國許多援助，但是中國僅是以以本身的戰略或經濟利益來與斯里蘭卡交往，斯國不可能得到中國無條件的援助。因此與中國、印度、美國等大國保持等距友好關係才符合斯里蘭卡利益。另外SANASA大學教授兼金融系主任Sumanasari Liyanage教授接受訪談時，認為新政府正從「傾中」逐漸調整到「親西方」的路線。

理解印度的三個面向

導論曾經提到，純粹以經濟發展的單一角度來理解或預測印度，只會讓外界忽略這個大國在其他領域的成就或困境。必須從其內部制度、社會與發展、對外關係等三方面來研究，才有可能勾勒出較為完整的面貌。針對本書第一個研究問題（這個國家如何運作？），本書提出了政治制度與運作、社會與發展、印度與鄰國關係三個面向作為主要研究架構，並在接下來的九章分別討論之。

在政治制度設計上，印度憲法最特殊之處就是一方面建立現代國家體制，另一方面保留社會多元價值，讓不同宗教、意識型態、族群、地方認同都能並存發展。此一制度設計讓印度獨立後一直在中央集權與地方分權兩種思維來回擺盪，而地方（政黨與政治人物）也透過與中央之間的合作或衝突來維持其影響力，這樣的政治文化容易讓外人將印度解讀為一個缺乏現代統一政治體制的落後國家。不過在中央—地方合作／衝突的脈絡之外，我們也可以看到另一種層次的價值觀衝突，也就是國大黨代表的世俗主義與印度人民黨所高舉的宗教民族主義之間的衝突，這類衝突伴隨著混亂與暴力的民主其實也是印度政黨政治一直揮之不去的陰影。

全書第二部分討論了族群、糧食政策、與能源安全三個主題。其中在保障少數族群政策上採取了憲法保障其地位、並透過法律與政策提升少數族群社會與經濟地位的雙軌制度。但今日族群關係仍難以稱得上和諧，族群間紛爭很容易引發大規模的暴力衝突。在糧食安全方面，印度政府藉由「綠色革命」與「糧食分配制度」等方式控制饑荒蔓延，堪稱一大成就。但自2007～2008年全球糧食價格危機以來，印度的糧食政策面臨諸多挑戰，目前莫迪政

府延續前任國大黨的作法，藉由推行大規模社會救濟網絡的方式來減少飢餓人口。對印度而言，能源安全其實是一個包括維持海外能源供應、穩定國內價格、減少排放污染、提升能源使用效率、與如何發展有效替代性能源的複雜概念。也因爲能源主要仰賴進口，使得印度政府在制定能源相關政策的時候傾向將確保海外能源穩定供應（供應來源與市場價格），作爲主要的對策。2014年莫迪上臺執政後，已逐漸將發展再生能源作爲能源安全戰略的主軸，並將此作爲吸引外國投資的項目之一。

　　第三部分對外關係分別檢視了印度與巴基斯坦、中國、尼泊爾、斯里蘭卡、孟加拉、不丹等六個國家的關係。借用國際關係中「抗衡─扈從」理論來分析印度與這些國家的互動情況，可發現不丹至今對印度完全扈從，巴基斯坦則聯合中國來抗衡印度；尼泊爾、斯里蘭卡、孟加拉三國的態度則介於這兩個極端之間，更趨近「避險」或「適應」的政策；另一方面，印度與中國之間既非盟友也非敵人，至今兩國間存在著數個難以化解的難題，政府間合作與衝突並存。（表10-1）

　　目前外界最關心的是印度是否能繼中國之後成爲另一世界級強權，端賴其是否能發揮國內潛力並尋找適合的發展策略，最後在全球政經體系中建立優勢地位。從2001年高盛提出「金磚國家」的概念以來，幾乎各界對印度的關注都放在其經濟成長的潛力上，而印度一開始的表現也的確亮眼：自2001到2010年間，其平均年經濟成長率都在7%以上，即使受到2008年全球金融危機波及，2010年經濟成長率也仍有7.4%。或許是這樣的樂觀效應影響，印度經濟計畫委員會在2011年8月所提出的第十二個五年計畫竟然將未來五年的經濟成長率設定在9%。不過後來因國內能源供應不足、通貨膨脹嚴重、盧比貶值等印度影響，印度的經濟成長率竟然在2013年降到不足5%。直到莫迪與印度人民黨勝選上臺才有所改善。

　　印度新政府如何應付這些挑戰正是這本書所提出的第二個問題。莫迪總理的發展策略是希望藉由改善經商環境與吸引外資，來提升該國製造業的實力，其實就是複製中國的出口導向發展模式。至今爲止此一策略似乎已經達到一些效果：根據媒體報導，2015年印度吸引直接外資金額已經超過中國與美國，達到630億美元；外國投資計畫數量也較前一年增加8%，達到697

表10-1 理解印度的三個面向與實際情況

主題	探討議題	印度的情況
政治制度與實際運作	第一章：憲政、政府體制與中央地方關係 第二章：政治發展與政治文化 第三章：地方政黨	1. 政治多元性創造出衝突合作並存的中央與地方關係； 2. 政治文化呈現出世俗主義與宗教民族主義兩種價值的交戰； 3. 複雜多樣的社會造就出活躍且獨特的地方政黨政治生態，各政黨實力隨選舉結果而消長。
社會與發展	第四章：族群關係 第五章：健康、糧食供應 第六章：能源問題	1. 特別以制度設計來保障少數族群地位，但族群關係仍不平等，族群間紛爭很容易引發大規模的暴力衝突； 2. 成功藉由「綠色革命」與「糧食分配制度」等方式控制饑荒蔓延；目前做法是推行大規模社會救濟網絡來減少飢餓人口； 3. 制定能源政策時傾向將確保海外能源穩定供應作為主要的對策，但目前逐漸轉移到發展再生能源。
與鄰國關係	第七章：印度與巴基斯坦 第八章：印度與中國 第九章：印度與南亞其他國家	1. 印度與鄰國之間的關係仍在「抗衡—扈從」光譜間擺盪：不丹對印度完全扈從；巴基斯坦對印則採取抗衡策略，並聯合域外強權中國來牽制印度；尼泊爾、斯里蘭卡、孟加拉三國對印度的態度則介於抗衡與扈從之間。 2. 印中之間既非盟友也非敵人，兩國間存在著數個難以化解的難題，政府間合作與衝突並存。

資料來源：作者自行繪製。

件。[1]不過由於全球市場衰退，未來即使印度成功將其國內的農業人口轉移到製造部門，也很難完全複製中國模式，畢竟兩國國內產業結構不同，帶動經濟成長的主要原因也不同（中國是以國家主導加市場推動的成長模式，而印度的經濟發展主要來自活躍的私人企業及旺盛民間消費）。因此莫迪的發展策略模式是否能真正成功至今仍然難以判斷。

---

[1] "India replaces China as top FDI destination in 2015: Report," *The Economic Times* (April 21, 2016), http://articles.economictimes.indiatimes.com/2016-04-21/news/72508700_1_fdi-report-cent-fdi-fdi.

印度與南亞區域合作

　　本書的討論主要是從印度內部的角度來觀察其發展，因此無論是成就或困境，都源自與印度社會內部的發展動能與其地理位置造成的結構制約。但作爲南亞最大國家的印度，其未來發展與區域內其他國家息息相關，如果我們改由外部環境的發展來觀察，印度的是否有更好的機會？

　　目前南亞地區共發展出三個區域經濟合作機制：南亞自由貿易區（South Asian Free Trade Area）、亞太貿易協定（Asia Pacific Trade Area）、環孟加拉灣多領域技術暨經濟合作倡議（Bay of Bengal Initiative for Multi Sectoral Technical And Economic Cooperation, BIMESTEC）。[2]其中「南亞自由貿易區」是由「南亞區域合作協會」（SAARC）所設定的多邊自由貿易機制，源於1993年該組織所推動的南亞貿易最惠國協定（South Asian Preferential Trading Arrangement），後來於2004年第12屆SAARC高峰會時宣布成立，希望仿效歐盟建立以南亞國家爲範圍之關稅同盟與共同市場。當時所設定之目標是讓區域內的發展中國家（印度、巴基斯坦、斯里蘭卡三國）在兩年內將關稅降至20%；其他低度發展中國家則在五年內將關稅降至30%。該協定之運作主要透過年度部長會議（Ministerial Meetings）以及專家委員會（SAFTA Committee of Experts）來進行。除了南亞自由貿易區之外，SAARC還推動了服務業貿易協定（SAARC Agreement on Trade in Services），並在2010年第十三屆高峰會通過。

　　「亞太貿易協定」又稱曼谷協定（Bangkok Agreement），成員包括中國大陸、孟加拉、印度、泰國、寮國、韓國、與斯里蘭卡。這是目前唯一同時包括南亞與東亞國家之區域貿易合作協定，目的在促進所有成員國之間之貿易自由化及經濟整合。1975年創立時確立以聯合國亞洲及太平洋經濟社會委員會（UNESCAP）之成員爲會員，也是世界上最早的區域貿易合作機

2　在安全領域，印度、馬爾地夫、斯里蘭卡共同發起印度洋三邊安全集團（Trilateral Indian Ocean Region Security Grouping）以維護印度洋地區之航運與環境安全爲目的，並在2014年邀請模里西斯（Mauritius）與塞席爾（Seychelles）加入，因此目前共有五個成員。印度是發起該組織之關鍵國家，目前以維護海上航運安全、救難協助、以及海洋污染防治爲主要合作領域。由於是新成立的合作機制，目前活動僅限於多邊對話，尚未發展出常設性機構。

制之一。不過由於該協定之東亞地區會員目前都積極投入東協加三，而南亞
地區會員也另有合作平臺（南亞自由貿易區等）之情況下，目前發展不如預
期。

「環孟加拉灣多領域技術暨經濟合作倡議」過去稱「孟印緬斯泰經濟合
作組織」，是以孟加拉灣周邊國家為主體之經濟合作機制。原始成員包括孟
加拉、印度、緬甸、斯里蘭卡、泰國五國，2003年時不丹、尼泊爾加入，
因此目前共有7個成員。1998年第二屆部長會議時曾經確立6個技術合作領
域，每個領域由一個國家負責，此後合作領域逐步增加至14個。亞洲開發
銀行（Asian Development Bank, ADB）自2005年開始成為本組織之合作夥
伴，協助會員國進行基礎設施改善之研究。本組織是東協國家與南亞國家之
間主要之合作平臺，泰國與印度對此機制之參與最為積極。

不過在實際運作上，以上這些區域合作機制對印度的幫助十分有限：截
至2013年9月為止，區域內成員彼此貿易額僅占全體GDP的1%（而東協國家
彼此貿易量占全體GDP之10%），這讓印度政府對於發展與個別國家之雙邊
自由貿易協定比投入南亞自由貿易區更為積極。此外印度與鄰國的貿易量只
占其整體對外貿易的2.8%，即使全力推動，最多也只能達到7%。[3]因此印
度領導人非常清楚未來的發展並不能依賴周遭國家，東亞各國對印度更為重
要。這也是莫迪政府在過去「東望政策」（Look East Policy）的基礎上推
行「東行政策」（Act East Policy）政策的原因。[4]

這個現象大致呼應了本書作者過去幾年在印度研究訪談所得到的印
象，也就是印度政府並不會將南亞區域整合視為其外交政策的重點，缺
乏印度支持的南亞區域合作協會也不可能真的成功。不過在面對東協國
家發起「區域全面經濟夥伴關係」（Regional Comprehensive Economic
Partnership）與美國主導的「跨太平洋夥伴協定」（Trans Pacific
Partnership）逐漸成型之際，未來印度是否改變態度轉而更積極推動多邊的
自由貿易區，目前尚待觀察。

3　作者對尼赫魯大學國際關係學院GVC Naidu教授訪談內容，2015年11月。
4　Prashanth Parameswaran, "Modi Unveils India's 'Act East Policy' to ASEAN in Myanmar," *The
Diplomat* (November 17, 2014). http://thediplomat.com/2014/11/modi-unveils-indias-act-east-policy-
to-asean-in-myanmar/.

印度與世界

　　「印度崛起」可說是過去十餘年來國際關係學者與各國外交決策者最熱門的話題之一。但印度未來將成為什麼樣的國家？各界對此解讀不盡相同。有些外國學者如William Avery 將印度描繪成21世紀的新世界級強權，甚至預言印美兩國最終將結盟以對抗中國（Avery, 2012）；不過印度人看法相對保守，前外交部次長Rajiv Sikri認為現在還看不出印度未來的走向，也不認為印度會在未來十年內躋身世界強權地位。不過可以確定的是：印度未來會更將關注在國際事務上，並在對外關係上展現出更多的自信（Sikri, 2009: 15）。

　　外界對於印度崛起的預測也多少受到中國發展經驗的影響，認為國家整體經濟力的增加將帶動軍事實力的提升，促使國家更積極捍衛其國家利益，甚至採取擴張性對外政策。中國對東海與南海地區主權爭議的態度早已引發與周邊國家的緊張關係，其近年來更是積極深入印度洋地區，對沿岸國家進行各類基礎建設投資與援建，印度作為南亞地區的傳統軍事強權，不可能對此毫無作為。因此近年來許多關於印度軍事實力的分析，都放在其如何在印度洋上反制中國所進行戰略的布局（Pant, 2012）。一位退休的前印度空軍將領在接受作者訪談時表示：如同中國自詡大發展目標就是趕上美國一樣，今日印度各界正逐漸將中國視為一個可以超越的對象。中國在經濟上的成功不僅是印度傚效的目標，印度各界也非常在乎中國的看法，因此未來的亞洲政治舞臺在一定程度上將是印度試圖與中國較勁的局面。[5]

　　不過要真正成為全球級的強權，印度還有很多必須改進學習的地方。《經濟學人》雜誌（*The Economist*）在2013年3月出版的一篇報導中，將印度描寫成一個具有足夠實力但缺乏企圖心的國家，印度從未想在國際舞臺扮演更積極的角色，也缺乏主動的安全戰略與決策文化。即使其在未來幾年內將成為全球第四大軍事強國，但印度政治領袖與官僚對於發展國家大戰略缺乏興趣。首任總理尼赫魯所訂下的不結盟政策至今仍制約印度的外交政策，讓這個國家活在自己設定的範圍內。但世局的變化已經不讓印度有任何藉口

5　作者與印度前空軍總司令Jasjit Singh會談內容，2012年1月9日與1月13日。

繼續獨善其身，無論是參加美國發起的國際安全聯盟還是推廣民主價值，或是積極促使中國接受國際規範。印度其實對世界可以有更多貢獻，但是否眞能成爲世界級強權，端賴印度自己的意願而定。[6]這樣的評斷或許可以成爲本書的最後結論。

6　"Can India become a great power?," *The Economist* (March 30, 2013), http://www.economist.com/news/leaders/21574511-indias-lack-strategic-culture-hobbles-its-ambition-be-force-world-can-india.

一、中文部分

（一）書籍

王良能，2004，《印巴關係與南亞安全：中共的觀點》（臺北：唐山出版社）。

王樹英，2009，《宗教與印度社會》（北京：人民出版社）。

石忠山，2007，「當代印度憲政體制」，收錄於施正鋒、謝若蘭主編，《當代印度民主政治》（臺北，臺灣國際研究學會），頁1-36。

亢升，2009，《印度：崛起中的亞洲巨象》（香港：香港城市大學出版社）。

中國軍事科學院，1993，《中印邊境自衛反擊作戰史》（北京：軍事科學出版社）。

司徒文、陳牧民主編，2015，《南亞研究新視野：政治發展，國際關係、經濟社會》（臺北：五南圖書，2015）。

朱雲鵬等，2007，《印度崛起》（臺北：高寶出版）。

沈恩（Amartya Sen）著，陳信宏譯，2008，《好思辨的印度人》（臺北：先覺出版社）。

伯納・英哈斯利（Bernard Imhasly）著，闕旭玲譯，2008，《告別甘地：現代印度的故事》（臺北：高寶出版）。

那瑞維主編，2013，《印度崛起》（臺北：政大國關中心）。

吳俊才，1980，《印度史》（臺北：三民書局）。

吳俊才，2010，《印度史》（臺北：三民書局）。

吳玉山，1997，《抗衡或扈從—兩岸關係新詮：從前蘇聯看臺灣與大陸間的關係》（臺北：正中書局）。

吳玉山，2009，〈權力不對稱與兩岸關係研究〉，收錄於包宗和、吳玉山主編，《重新檢視爭辯中的兩岸關係理論》（臺北：五南圖書），第二章。

吳得源，2007，〈從單極、多極到兩極式代表機制？印度政黨體系之演進特徵與民

主實踐〉，收錄於施正鋒、謝若蘭主編，《當代印度民主政治》（臺北：臺灣國際研究學會），頁77-107。

施正鋒、謝若蘭主編，2007，《當代印度民主政治》（臺北：臺灣國際研究學會）。

陳牧民，2007，「印度國家安全戰略」，收錄於施正鋒、謝若蘭主編，《當代印度民主政治》（臺北，臺灣國際研究學會），頁191-212。

陳牧民，2008，《印度中央與地方關係》，收錄於鄭端耀主編：《印度》（臺北：遠景基金會），頁63-90。

陳牧民，2009，《國家安全理論：權力、主權與威脅》（臺北：五南圖書）。

陳牧民，2011，〈中印關係：龍象之爭或是中印大同〉，收錄於宋鎮照等人合著之《當代中國的東亞外交策略與關係》（臺北：五南圖書），第八章

陳牧民，2013，〈印度糧食安全〉，收錄於那瑞維主編，《印度崛起》（臺北：政大國關中心），86-105。

陳牧民，2015，〈共產黨與納薩爾毛派（Naxalite）游擊隊對印度民主發展之影響〉，收錄於陳牧民、司徒文主編，《南亞研究新視野：政治發展、國際關係、經濟社會》（臺北：五南圖書），頁19-32。

胡志勇，2009，《冷戰時期南亞國際關係》（北京：新華出版社）。

柴田明夫著，孫玉珍譯，2009，《糧食爭奪戰》（臺北：商周出版）。

彭明輝，2011，《糧食危機關鍵報告：臺灣觀察》（臺北：商周出版）。

楊翠柏等著，2004，《印度政治與法律》（成都：四川出版集團巴蜀書社）。

楊翠柏主編，2010，《南亞政治發展與憲政研究》（四川：巴蜀書社）。

藍筱涵，2013，《遠離甘地的國度：世俗主義與宗教民族主義交戰下的印度政治》（臺北：新銳文創）。

張敏秋，2004，《中印關係研究（1947~2003）》（北京：北京大學出版社）。

鄭端耀主編，2008，《印度》（臺北：遠景基金會）。

鄭欣妮，2015，〈尼泊爾與印度在水力發電的合作：發展與困境〉，收錄於司徒文、陳牧民主編，《南亞研究新視野：政治發展、國際關係、經濟社會》（臺北：五南圖書），第七章。

麥克‧克雷爾（Michael T. Klare），洪慧芳譯，2008，《石油的政治經濟學：高油價時代的新世界版圖》（臺北：財信出版）。

茨仁夏加，2011，《龍在雪域：1947年後的西藏》（臺北：左岸）。

梁晨（編著），2011，《尼泊爾：深山中的古國》（香港：香港城市大學出版社）。

葉海林，2008，《巴基斯坦：純潔的國度》（香港：城市大學出版社）。

譚中主編，2007，《中印大同：理想與實現》（北京：寧夏人民出版社）。

劉建，2010，《孟加拉：金色土地》（香港：香港城市大學出版社）。

穆罕達斯・卡朗昌德・甘地著，王敏雯譯，2014，《我對眞理的實驗：甘地自傳》（臺北：遠流）。

Barbara Metcalf and Thomas Metcalf著，陳琪郁譯，2011，《蒙兀兒之後：印度五百年的蛻變》（臺北：左岸文化）。

Michael C. Van Walt Van Praag著，跋熱・達瓦才仁譯，2010，《西藏的地位：從國際法角度對西藏歷史、權利與前景的分析》（臺北：雪域出版社）。

Raj Patel著，葉家興等譯，2009，《糧食戰爭：市場、權力以及世界食物體系的隱形之戰》（高寶出版）。

Thomas Friedman著，楊振富、潘勛譯，2005，《世界是平的》（臺北：雅言文化）。

（二）期刊

方天賜，2002，〈印度的巴基斯坦政策—在國會遇襲後採行強制外交的成效與侷限〉，《遠景基金會季刊》，第3卷，第4期，頁69-96。

任佳，2010，〈金融危機背景下的中印貿易發展趨勢及合作建議〉，《東南亞南亞研究》，第B06期（2010年增刊），頁1-4。

許庭榜，2015，〈新一輪的亞洲太空競賽？印度太空計畫之研究及其衝擊〉，《全球政治評論》，特2期，頁69-90。

柯玉枝，2003，〈2002年印巴衝突中美國的角色〉，《問題與研究》，第42卷，第6期，頁129-143。

陳文賢，1999，〈印度與巴基斯坦的核武競爭〉，《問題與研究》，第38卷，第12期，頁1-16。

陳純如，2008，〈印巴和平進程1998－2004〉，《問題與研究》，第47卷，第1期，頁55-86。

陳純如，2009，〈印巴「全面對話」復談協商過程之分析〉，《問題與研究》，第48卷，第4期，頁153-188。

劉朝華（紀錄整理），2007，〈中印邊界問題座談會紀實（上）〉，《南亞研究》，第1期，頁43-51。

劉朝華（紀錄整理），2007，〈中印邊界問題座談會紀實（下）〉，《南亞研究》，第2期，頁33-40。

張世澤、張世強，2006，〈僧伽羅佛教民族主義與民粹民主對於斯里蘭卡族群衝突激化的影響〉，《問題與研究》，第45卷，第2期，頁61-109。

張馳、史翔娜，2012，〈中印兩國貿易摩擦的產業特徵分析〉，《國際商務—對外經濟貿易大學學報》，第二期，頁31-43。

康民軍，2002，〈試析『麥克馬洪線』問題的來龍去脈〉，《首都師範大學學報》，第6期，頁24-29。

康民軍，2004，〈約翰遜線及其在中印邊界爭端中的地位〉，《首都師範大學學報》，第4期，頁20-26。

楊莉、楊光，2010，〈中、印經貿關係現況和發展分析〉，《特區經濟》，第4期，頁103-104。

薛靜，2015，〈印度對我國頻繁發起反傾銷的原因探究〉，《商貿縱橫》，第14期，頁122。

二、外文部分

（一）書籍

Acharya, Alka, 2008, *China and India: Politics of Incremental Engagement* (Delhi: Har-Anard).

Acharya, Shankar, 2012, *India after the Global Crisis* (Oriental Blackswan).

Amhed, Zafar, 2003, *Future of Islam in South Asia* (Delhi, India: Authors Press).

Avery, William H. China's Nightmare, 2012, *America's Dream: India as the Next Global Power* (Delhi: Amaryllis).

Austin, Granville, 1966, *The Indian Constitution: Cornerstone of a Nation* (London, Oxford University Press).

Austin, Granville, 1999, *Working a Democratic Constitution: A History of the Indian Experience* (Oxford University Press).

Bajpai, Kandi, "India: Modified Structuralism," in Muthiah Allagappa eds., *Asian Security Practice: Material and Ideational Influences*, (Stanford: Stanford University Press, 1998).

Bowker, John, 2003, "Sikhism," in John Bowker, *World Religions* (Dorling Kinderley, UK), pp. 84-95.

Basrur, Rajesh, 2010, "India-Pakistan Relations: Between War and Peace," in Sumit G. anguly ed., *India's Foreign Policy: Retrospect and Prospect* (Oxford Univ. Press India), pp. 11-31.

Buzan, Barry, 1991, *People, States and Fear: An Agenda for International Security Studies in the Post-Cold War Era.* Boulder CO: Lynne Rienner.

Chandra, Bipan, Mridula Mukherjee and Aditya Mukherjee, 2008, *India Since* Gopal, Niraja Jaya ed., 2001, *Democracy in India* (Delhi: Oxford University Press).

Chakrabarty, Bidyut and Rajendra Kumar Pandey, 2008, *Indian Government and Politics* (SAGE Publications Pvt. Ltd).

Chakrabarty, Bidyut, and Rajat Kumar Kujur, 2012, *Maoism in India* (Routledge India).

Chandra, Bipan, Mridura Mukherjee, and Aditya Mukherjee, 2008, *India Since Independence* (Penguin Books India).

Chatterjee, Partha ed., 1997, *State and Politics in India* (Oxford University Press).

Chen, Mumin, 2015, "Taiwan-India Relations Under the Shadow of the Rising China," in GVC Naidu, Mumin Chen, and Raviprasad Narayanan eds., *India and China in the Emerging Dynamics of East Asia* (New Delhi, IN: Springer), Chapter 4.

Cox, Robert W. and Timothy J. Sinclair, 1996, *Approaches to World Order.* (New York: Cambridge University Press).

Cohen, Stephan P., 2002, *India: Emerging Power* (Brookings Institution).

Cohan, Phillip, 2002, *The Idea of Pakistan* (Brookings Institution).

Chandra, Bipan, Mridula Mukherjee and Aditya Mukhergee, 2008, *India after Independence* (New Delhi, India: Penguin Books India).

deSouza, Roland, Peter, and E. Sridharan eds., 2006, *India's Political Parties* (New Delhi: Sage Publications India).

Dalvi, J.P., 2010, *Himalayan Blunder: The angry truth about India's most crushing military disaster* (Natraj Publishers).

Datta, Sreeradha, 2005, "Indo-Bangladesh: 'Misleading' as a Policy?" in NS Sisodia and C Uday Bhaskar eds., *Emerging India: Security and Foreign Policy Perspectives* (Delhi, IDSA), pp. 274-288.

Fang, Tien-sze, 2015, "The Past, Prospects, and Problems of Forming the "Chindia" Alliance," in GVC Naidu, Mumin Chen, and Raviprasad Narayanan eds., *India and China in the Emerging Dynamics of East Asia* (Springer India), Chapter 6, pp. 75-88.

Ganguly, Sumit, 2010, *India's Foreign Policy: Retrospect and Prospect* (Oxford University Press, New Delhi, India).

Garver, John W., 2001, *Protracted Contest: Sino-Indian Rivalry in the Twentieth Century* (Seattle and London: University of Washington Press).

Ghosh, Lipi, 2003, "Ethnicity and issues of Identity Formation, A Study of Indian Political Scenario," in Bonita Aleaz, Ghosh, and Achintya Kumar Dutta eds., *Ethnicity, Nations, and Minorities: The South Asian Scenario* (Kolkata, India: Manak).

Gaurav, Kampani, 2005, "Kashmir and India-Pakistan Nuclear Issues," in Devin T. Hagerty, *South Asia in World Politics* (Romen and Littlefield), Chap. 7.

Guruswamy, Mohan and Zorawar Daulet Singh, 2009, *India China Relations: The Border Issue and Beyond* (Observer Research Foundation).

Hagerty, Devin, 2009, "The Kargil War: An optimistic assessment," in Sumit Ganguly and S. Paul Kapur eds., *Nuclear Proliferation in South Asia: Crisis Behavior and the Bomb* (Routledge), pp. 100-116.

Hardgrave, Robert L. and Stanley A. Kochanek, 1993, *India, Government and Politics in a Developing Nation* (Harcourt Brace).

Homer-Dixon, Thomas, 1999, *Environment, Scarcity, and Violence* (Princeton University Press).

India Human Development Report 2011, 2012, (Oxford University Press).

Institute of Applied Manpower Research, Planning Commission, Government of India, 2011, *India Human Development Report 2011* (Oxford University Press).

Jenkins, Laura D., 2006, "Caste, Class and Islam: Boundaries of Backwardness in India," in Nadeem Hasnain ed., *Islam and Muslim Communities in South Asia* (Delhi, India: Serials Publishing), pp. 1-15.

Joeck, Neil, 2009, "The Kargil War and nuclear deterrence," in Sumit Ganguly and S. Paul Kapur eds., *Nuclear Proliferation in South Asia: Crisis Behavior and the Bomb* (Routledge), pp. 117-143.

Kang, David, 2007, *China Rising: Peace, Power, and Order in East Asia* (Columbia University Press).

Kavic, Lorne, 1967, *India's Quest for Security: Defense Policies, 1947-1965* (Berkley: University of California Press).

Khalidi, Omar, 1995, *Indian Muslims Since Independence* (Delhi, India: Vikas Hardgrave, Robert L. Jr., and Stanley A. Kochanek, 1993, *India: Government and Politics in a Developing Nation* (Fort Worth, TX: Harcourt Brace College).

Kholi, Atul, 1997, "From Breakdown to Order: West Bengal," in Partha Chartterjee ed., *State and Politics in India* (Delhi: Oxford University Press), pp. 336-366.

Kothari, Rajni, 2006, "The Congress 'System' in India," in Peter Ronald deSouza and E. Sridharan, *India's Political Parties* (New Delhi: Sage).

Lijphart, Arend, 2001, "The Puzzle of Indian Democracy: A Consociational Interpretation," in Niraja Gopal Jaya ed., *Democracy in India* (Delhi: Oxford

University Press), pp. 326-358.

Maxwell, Neville, 1972, *India's China War* (New York: Anchor Books).

Malik, Yogendra K. et al, Seventh Edition, 2009, *Government and Politics in South Asia* (Westview Press).

Menon, Prakash, 2011, "Indo-Pak Relations and Balance of Emotions," in Ali Amhed, Jagannath Panda, and Prashant Singh eds., *Towards A New Asian Order* (IDSA, New Delhi, India), pp. 337-347.

Metcalf, Barbara D. and Thomas R. Metcalf, 2002, *A Concise History of Modern India* (Cambridge University Press).

Mohan, Malik, 2011, *China and India: Great Power Rivals* (Boulder and London: First Forum Press).

Moorthy, M Sathiya, 2008, *India, Sri Lanka and the Ethnic War* (Delhi, Samskriti).

Muni, S.D., 2009, *India's Foreign Policy: The Democracy Dimension* (Delhi, Foundation Books).

Powell, Lydia, 2015, "Domestic Constraints to India's Energy Security," in Girijesh Pant ed., *India's Emerging Energy Relations* (India: Springer) Chapter 2, pp. 17-36.

Ramesh, Jairam, 2005, *Making Sense of Chindia* (Delhi: India Research Press).

Rathod, P.B., 2004, *Indian Constitution, Government and Political System* (Jaipur, India: ABD Publishers).

Roe, Paul, 2007, "Societal Security," in Allan Collins ed., *Contemporary Security Studies* (Oxford UK: Oxford University Press), pp. 164-181.

Sathyamurthy, T. V., 1997, "Impact of Centre-State Relations on Indian Politics: An Interpretative Reckoning 1947-1987," in Partha Chartterjee ed., *State and Politics in India* (Delhi: Oxford University Press), pp. 232-270.

Sathyamurthy, T. V., 1997, "Impact of Centre-State Relations on Indian Politics: An Interpretative Reckoning 1947-1987," in Partha Chartterjee ed., *State and Politics in India* (Delhi: Oxford University Press), pp. 232-270.

Sikri, Rajiv, 2009, *Challenge and Strategy: Rethinking India's Foreign Policy* (*SAGE* India).

Sidhu, Waheguru Pal Singh and Jing-dong Yuan, 2003, *China and India: Cooperation or Conflict* (Lynn Rienner).

Sadar, Syed Imran, 2009, "Food Insecurity in South Asia: An Overview," *Regional Studies*, Vol.17, No. 3, pp. 34-57.

Singh, Swaran, 2007, *China-Pakistan Strategic Cooperation: Indian Perspectives* (Delhi: Manohar).

Sikri, Rajiv, 2009, *Challenge and Strategy: Rethinking India's Foreign Policy* (Sage Publications, New Delhi India).

Sikri, Rajiv, 2009, *Challenge and Strategy: Rethinking India's Foreign Policy* (Sage India).

Sikri, Rajiv, 2009, *Challenge and Strategy: Rethinking India's Foreign Policy* (Sage Publications, New Delhi India).

Walt, Stephen M., 1987, *Origins of Alliances* (Ithaca: Cornell University Press).

Yadav, Yogendra and Suhas Palshikar, 2006, "Party System and Electoral Politics in the Indian States, 1952-2002: From Hegemony to Convergence," in Peter Ronald deSouza and E. Sridharan eds., *India's Political Parties* (New Delhi: Sage).

（二）期刊

Arora, Satish Kumar, 1956, "The Organization of Indian States," *Far Eastern Survey*, pp. 27-30.

Afsar Jafri, "Food crisis exposes failing of India's agriculture reforms," *Mainstream Weekly*, Vol. XLVI, No. 33 (August 2, 2008), http://www.mainstreamweekly.net/article859.html.

Huntington, Samuel P., "The Clash of Civilizations? *Foreign Affairs*, Vol. 73, No. 3 (Summer 1993), p. 22-49.

Khurana, Gurpreet S., 2008, "China's String of Pearls in the Indian Ocean and its Security Implications," *Strategic Analysis*, Vol. 32, No. 1, pp. 1-39.

Narayanan, Raviprasad, 2010, "The India-Pakistan Dyad: A Challenge to the Rest or to Themselves," *Asian Perspective*, Vol. 34, No. 4, pp. 165-190.

Noorani, A. G., 2008, "Truth and Tawang," *Frontline*, Vol. 25, No. 25, pp. 83-87.

Pant, Harsh, 2012, "China Shakes Up the Maritime Balance in the Indian Ocean," *Strategic Analysis*, Vol.36, No. 3, p. 364-368.

Pillai, Rani S., 2012, "Indo-Sri Lankan Pact of 1964 and the Problem of Statelessness-A

Critique," *Afro Asian Journal of Social Sciences*, Vol. 3, No. 3.1, Quarter 1.

Sadar, Syed Imran, 2009, "Food Insecurity in South Asia: An Overview," *Regional Studies*, Vol. 17, No. 3, pp. 34-57.

Windmiller, Marchall, 1954, "Linguistic Regionalism in India," *Pacific Affairs*, Vol. 27, No. 4, pp. 291-318.

（三）研究報告

British Petroleum, "BP Statistical Review of World Energy," (June 2015), http://www.bp.com/content/dam/bp/pdf/energy-economics/statistical-review-2015/bp-statistical-review-of-world-energy-2015-full-report.pdf.

Dev, S. Mahendra, and Alakh N. Sharma, *Food Security in India: Performance, Challenges and Policies*, Oxfan India Working Paper (2010), http://www.oxfamindia.org/sites/www.oxfamindia.org/files/working_paper_7.pdf.

Dutta, Piyali, "India-Bangladesh Relations: Issues, Problems and Recent Developments," *IPCS Special Report* (September 2010).

FAO, 2014, *The Sate of Food Insecurity in the World 2014 Report*.

Joshi, Sunjoy, Rajeswari Pillai Rajagopalan, Wilson John, Lydia Powell, and Samir Saran, *Navigating the Near: Non-Traditional Security Threats to India, 2022*, Observer Research Foundation, 2011.

Goswami, Namrata, "Strategic Building Along India-China Border," *IDSA Comment*, (June 7, 2012), http://www.idsa.in/idsacomments/StrategicRoadBuildingalongtheIndiaChinaborder_NamrataGoswami_070612.

Global Peace Institute (GPI), *2015 GPI Results Report*, http://www.visionofhumanity.org/sites/default/files/Global%20Peace%20Index%20Report%202015_0.pdf.

Haokip, T. T., "Northeast India, Linguistic Diversity and Language Politics," *IDSA Occasional Paper* No. 5 (November 2009), http://www.idsa.in/system/files/OcassionalPaper5.pdf.

India Hydrocarbon Vision 2025, Government of India, (2000), http://www.petroleum.nic.in/docs/reports/vision.doc.

"Global Energy Statistical Yearbook 2015," *World Energy Statistics*, https://yearbook.enerdata.net.

Joshi, Sunjoy, Rajeswari Pillai Rajagopalan, Wilson John, Lydia Powell, and Samir Saran, *Navigating the Near: Non-Traditional Security Threats to India, 2022*, Observer Research Foundation, 2011.

Kumar, Praveen, "External Linkages and Internal Security: Assessing Bhutan's Operation All Clear," *IDSA Analysis* (July 2004), http://www.idsa.in/system/files/strategicanalysis_pkumar_0904.pdf.

Martin, Peter, "Why is Chinese investment in India so low?" *ORF Commentaries*, (October 30, 2014), http://www.orfonline.org/research/why-is-chinese-investment-in-india-so-low/.

Ministry of Minority Affairs, *Guidelines for implementation of Prime Minister's New 15 Point Programme for the Welfare of Minorities* (2005), http://www.minorityaffairs.gov.in/pm15point.

National Intelligence Council, "Mapping the Global Future" (2005), http://www.dni.gov/index.php/about/organization/national-intelligence-council-global-trends.

National Intelligence Council, "Global Trends 2025: A Transformed World"(2010), http://www.dni.gov/nic/PDF_2025/2025_Global_Trends_Final_Report.pdf.

National Human Rights Commission, *Report on Prevention of Atrocities of SCs and STs* (2004), http://nhrc.nic.in/Publications/reportKBSaxena.pdf.

O'Neill, Jim, "Building Better Global Economic BRICs," *Global Economics Paper No: 66* (November 30, 2010), http://www.goldmansachs.com/our-thinking/archive/archive-pdfs/build-better-brics.pdf.

Planning Commission (India), 2006, *Integrated Energy Policy: Report of the Expert Committee*.

Prashant Kumar Singh, "China's denial of visa to Indian general: No so incomprehensible," *IDSA Comment* (August 30, 2010), http://www.idsa.in/node/5839/1358.

Prakash, Adam ed., *Safeguarding Food Security in Volatile Global Markets*, Food and Agriculture Organization (2011), http://www.fao.org/docrep/013/i2107e/i2107e00.htm.

United Nation Populations Fund, 2011, *The State of World Population Report 2011*.

United Nations Development Program (UNDP), *Human Development Reports 2014*, http://hdr.undp.org/en/countries/profiles/IND.

Wilson, Dominic, and Roopa Purushothaman, 2003, "Dreaming with the BRICs: The Path to 2050," *Global Economics Paper No. 66*, http://www.goldmansachs.com/our-thinking/archive/archive-pdfs/brics-dream.pdf.

World Bank, *WDR 2010: Development and Climate Change*, http://wdronline.worldbank.org//worldbank/a/c.html/world_development_report_2010/abstract/WB.978-0-8213-7987-5.abstract.

World Nuclear Association, "Nuclear Power in India," (January 2016), http://www.world-nuclear.org/info/Country-Profiles/Countries-G-N/India/.

World Bank, 2011a, "Global Economic Prospects," http://www.worldbank.org/content/dam/Worldbank/GEP/GEParchives/GEP2011a/GEP2011JanFullReport.pdf.

World Bank, 2011b, "Global Economic Prospects," http://www.worldbank.org/content/dam/Worldbank/GEP/GEParchives/GEP2011a/GEP2011JanFullReport.pdf.

World Bank, Data on Poverty and Equality (2016), http://povertydata.worldbank.org/poverty/country/IND.

World Bank "South Asia Economic Updates" (2010), http://siteresources.worldbank.org/SOUTHASIAEXT/Resources/223546-1269620455636/6907265-1275784425763/SAREconomicUpdate7June2010.pdf.

國家圖書館出版品預行編目資料

解讀印度：不確定的崛起強權／陳牧民
著. — 初版. — 臺北市：五南, 2016.09
　　面；　　公分.
ISBN 978-957-11-8689-4（平裝）

1.政治制度 2.社會發展 3.外交政策 4.印度

574.371　　　　　　　　　　105011711

1PUA

解讀印度：不確定的崛起強權

作　　者 — 陳牧民(257.6)

發 行 人 — 楊榮川

總 編 輯 — 王翠華

主　　編 — 劉靜芬

責任編輯 — 張若婕、楊凌竹

封面設計 — P.Design視覺企劃

出 版 者 — 五南圖書出版股份有限公司

地　　址：106台北市大安區和平東路二段339號4樓

電　　話：(02)2705-5066　　傳　　真：(02)2706-6100

網　　址：http://www.wunan.com.tw

電子郵件：wunan@wunan.com.tw

劃撥帳號：01068953

戶　　名：五南圖書出版股份有限公司

法律顧問　林勝安律師事務所　林勝安律師

出版日期　2016年 9 月初版一刷

定　　價　新臺幣320元